Starke Frauen

Elf eigenwillige Lebensbilder

Buch

Elf literarische Stimmen zeichnen elf eigenwillige Lebensbilder von Colette, Sophie Scholl, Margaret Thatcher und anderen. Lassen Sie sich entführen in die Köpfe dieser Frauen, von denen sich keine auch nur einen Tag gelangweilt haben dürfte. Bewundert oder umstritten – eines haben diese Frauen gemeinsam: den Mut, ein Leben gemäß ihren eigenen Idealen zu wagen.

Außer *Starke Frauen* erscheinen in einer Serie zur Jahrtausendwende fünf weitere Anthologien über faszinierende Frauen: *Vordenkerinnen, Kultfrauen, Rebellinnen, Femmes fatales, Frauen des Jahrhunderts.*

Starke Frauen

Elf eigenwillige Lebensbilder

Herausgegeben
von Stefan Bollmann
und Christiane Naumann

GOLDMANN

Die Quellenhinweise zu den einzelnen Texten
finden Sie am Ende des Bandes.

Einzelne Texte erschienen bereits in der Reihe
»Frei und Frau« im Bollmann Verlag.

Umwelthinweis:
Alle bedruckten Materialien dieses Taschenbuches
sind chlorfrei und umweltschonend.

Genehmigte Taschenbuchausgabe August 1999

Umschlaggestaltung: Design Team München
Umschlagmotiv: AKG, Berlin
Satz: Stefan Bollmann
Druck: Presse-Druck Augsburg
Verlagsnummer: 44329
FB · Herstellung: Sebastian Strohmaier
Made in Germany
ISBN 3-442-44329-6

1 3 5 7 9 10 8 6 4 2

INHALT

Virginia Woolf

Julia Margaret Cameron

JULIA MARGARET CAMERON, drittälteste Tochter des James Pattle von der britischen Kolonialverwaltung in Bengalen, wurde am 11. Juni 1815 geboren. Ihr Vater war ein Gentleman von bemerkenswertem, wenn auch fragwürdigem Ruf, der sich nach einem ausschweifenden Leben, in dem er sich den Titel des »größten Lügners in Indien« erworben hatte, schließlich zu Tode trank und dessen Leichnam zur Verschiffung nach England in eine Tonne Rum verfrachtet wurde. Die Tonne stellte man vor dem Schlafzimmer der Witwe ab. Mitten in der Nacht hörte sie eine heftige Explosion, eilte hinaus und fand ihren Gatten, der den Deckel seines Sarges gesprengt hatte, kerzengerade aufgerichtet, sie im Tode wie zuvor schon im Leben bedrohend. »Der Schock verwirrte ihr, dem armen Ding, auf der Stelle die Sinne, und sie starb in geistiger Umnachtung.« Der Vater von Miss Ethel Smyth erzählt diese Geschichte (*Impressions that Remained*), und er berichtet weiter, daß die Seeleute, als schließlich »Saufbold-Jim« wieder vernagelt und dann an Bord gebracht worden war, die Flussigkeit tranken, in der man den Leichnam konserviert hielt, »und – beim Zeus – der Rum lief aus, entzündete sich und setzte das Schiff in Brand! Und während sie noch ver-

suchten, die Flammen zu löschen, lief das Schiff auf einen Felsen auf, flog in die Luft und trieb unterhalb von Hooghly an Land.
Und was, meint ihr, haben die Seeleute gesagt? ›Der Pattle ist so ein Bösewicht gewesen, daß der Teufel ihn nicht aus Indien weglassen wollte!‹«
Seine Tochter hatte etwas von jener unbezwingbaren Vitalität geerbt. Und war ihr Vater seiner Lügen wegen berüchtigt, so hatte Mrs. Cameron die Gabe der leidenschaftlichen Rede und eines bizarren Benehmens, die ihren Stempel auf den so stillen Seiten viktorianischer Lebensläufe hinterließ. Vermutlich hatte sie jedoch von ihrer Mutter die Schönheitsliebe und ihre Abneigung gegen die kalten und starren Konventionen der englischen Gesellschaft mitbekommen. Denn jene feinfühlige Dame, die der Anblick des Leichnams ihres Gatten umgebracht hatte, war von Geburt Französin, die Tochter des Chevalier Antoine de l'Étang, eines der Pagen von Marie Antoinette, der bis zu ihrem Tode bei der Königin im Kerker geblieben war und den nur seine Jugend vor der Guillotine bewahrt hatte. Mit seiner Frau, einer der Hofdamen der Königin, wurde er nach Indien verbannt, und in Ghazipur liegt er begraben, die Miniatur, die Marie Antoinette ihm geschenkt hatte, auf der Brust.

ABER die de l'Étangs brachten aus Frankreich eine Gabe von größerem Wert als die Miniatur der unglücklichen Königin mit. Die alte Madame de l'Étang war außergewöhnlich hübsch. Ihre Tochter, Mrs. Pattle, war voller Liebreiz. Sechs der sieben Töchter von Mrs. Pattle waren von noch größerem Liebreiz als sie.

Mrs Herbert Duckworth, die Mutter von Virginia Woolf, fotografiert von Julia Margaret Cameron, 1867

»Lady Eastnor ist eine der stattlichsten Frauen, die ich je in irgendeinem Land gesehen habe«, schrieb Henry Grenville über die Jüngste, Virginia. Sie erfuhr das übliche Schicksal frühviktorianischer Schönheit: Auf der Straße wurde sie belästigt, in Oden gefeiert und sogar zum Gegenstand eines Artikels, den Thackeray für den Punch schrieb: »Über eine gut aussehende Dame.« Es fiel nicht ins Gewicht, daß die Schwestern von ihrer französischen Großmutter mehr in Haushaltsfertigkeiten als in Bücherweisheit unterwiesen worden waren. »Bis in die Fingerspitzen hinein waren sie musisch, mit einer Vorliebe für das Schöne, die man fast als einen Kult bezeichnen konnte.« In Indien hatten sie zahlreiche Eroberungen zu verzeichnen, und als sie heirateten und sich in England niederließen, verstanden sie sich auf die Kunst, um sich herum – ob nun in Freshwater oder in Little Holland House – eine ihnen gemäße Gesellschaft zu schaffen (»Pattletum« wurde sie von Sir Henry Taylor getauft), in der sie malerischen Mummenschanz treiben, einreißen und aufbauen und ein Leben auf eine mutwillige und abenteuerliche Weise führen konnten, die Maler und Schriftsteller, ja sogar gesetzte Geschäftsleute als sehr angenehm empfanden. »Little Holland House, wo Mr. Watts lebte, schien mir ein Paradies«, schrieb Ellen Terry, »wo man nur schöne Dinge zuließ. Alle Frauen waren anmutig und alle Männer begabt.« Dort, in den zahlreichen Räumen des Altenteils, brachte Mrs. Prinsep die Maler Watts und Burne Jones unter, und sie bewirtete ungezählte Freunde auf den Rasenflächen und zwischen den Bäumen, die fern auf dem Lande zu sein schienen, obwohl der Verkehr an der Londoner Hyde Park Corner nur zwei Meilen entfernt war.

WAS IMMER sie taten, ob nun um der Religion oder der Freundschaft willen, wurde mit Begeisterung getan. War einem Freund ein Zimmer zu dunkel? Mrs. Cameron ließ sofort ein Fenster einbauen, um die Sonnenstrahlen einzulassen. War das Chorhemd des Reverend C. Beanlands nur mäßig sauber? Mrs. Prinsep richtete im eigenen Hause eine Waschküche ein und ließ die gesamte Wäsche der Geistlichkeit von St. Michael auf eigene Kosten reinigen. Als sich dann die Verwandten einmischten und sie inständig baten, ihre Extravaganzen im Zaum zu halten, nickte sie gehorsam mit ihren koketten weißen Locken, seufzte erleichtert auf, sobald ihre Ratgeber sie verlassen hatten und hastete an den Schreibtisch, um ein Telegramm nach dem anderen, worin sie den Besuch beschrieb, an ihre Schwestern aufzugeben. »Gewiß vermochte niemand außer ihnen selber, die Pattles in Schranken zu halten«, sagt Lady Troubridge. Einmal soll sogar der gütige Mr. Watts die Beherrschung verloren haben. Er beobachtete, wie zwei kleine Mädchen, Enkelinnen von Mrs. Prinsep, einander mit zugehaltenen Ohren anschrien, so daß sie außer der eigenen Stimme nichts hören konnten. Da verpaßte er ihnen eine Lektion über Starrsinn, jene Untugend, so sagte er, die sie von ihrer französischen Vorfahrin, Madame de l'Étang, geerbt hätten. »Ihr werdet einmal zu herrschsüchtigen Frauen«, sagte er, »wenn ihr nicht auf der Hut seid.« Hatten sie nicht zu allem Überfluß noch einen Ahn, der den Deckel des eigenen Sarges aufgesprengt hatte?

Julia Margaret Cameron war gewiß zu einer herrschsüchtigen Frau herangewachsen. Die Schönheit ihrer Schwestern hatte sie allerdings nicht. In dem Trio, bei dem, wie es hieß, Lady Somers die Schönheit verkörperte und Mrs.

Prinsep die Eleganz, war Mrs. Cameron zweifellos das Talent.

»Sie schien in sich alle kennzeichnenden Eigenschaften einer bemerkenswerten Familie zu verkörpern«, schrieb Mrs. Watts, »wobei sie diese in doppelt destillierter Form äußerte. Sie verdoppelte die Großzügigkeit ihrer großherzigsten Schwester und die Leidenschaftlichkeit der impulsivsten. Wenn jene begeisterungsfähig waren, so war sie es noch einmal so sehr. Wenn jene überzeugend wirken konnten, war sie unwiderstehlich. Sie hatte bemerkenswerte, glänzende, große Augen, die blitzten wie ihre Aussprüche, und die sanft und behutsam wurden, wenn sie gerührt war ... Einem Kind* jedoch mußte sie furchteinflößend erscheinen: »Klein und untersetzt, mit nichts von der Pattleschen Anmut und Schönheit an sich, obgleich sie über mehr als ihren Anteil der leidenschaftlichen Energie und Eigenwilligkeit verfügte. In dunklen Kleidern, mit den Chemikalien von ihrer fotographischen Tätigkeit befleckt (und auch nach ihnen riechend), mit einem rundlichen, lebhaften Gesicht und einer heiseren Stimme, auch wohl ein wenig barsch, und doch irgendwie gewinnend, ja sogar charmant«, eilte sie aus dem Atelier in Dimbola, heftete schwere Schwanenflügel auf die Schultern von Kindern und gebot ihnen, »da stehenzubleiben« und in einem Krippenspiel die Rolle von Engeln zu übernehmen, die sich über die Wälle des Himmels lehnen mußten.

Aber die Fotografie und die Schwanenflügel waren noch in ferner Zukunft. Viele Jahre lang verströmten sich ihre Energie und ihre schöpferischen Kräfte ins Familienleben

***Memoires and Reflections* von Lady Troubridge, S. 34.

und in gesellschaftliche Verpflichtungen. 1838 hatte sie einen sehr angesehenen Mann, Charles Hay Cameron, geheiratet, »einen utilitaristischen Juristen und Philosophen von großer Gelehrsamkeit und Tüchtigkeit, der in Kalkutta das Amt des vierten Mitglieds im Kolonialrat bekleidete, das zuvor Lord Macaulay versehen hatte. Wenn die Gattin des Generalgouverneurs abwesend war, stand Mrs. Cameron an der Spitze der europäischen Gesellschaft in Indien, und nach Meinung von Sir Henry Taylor war es auch diese Tatsache, die sie in ihrer Geringschätzung der Dinge dieser Welt bestärkte, als Camerons nach England zurückkehrten. Sie hatte ohnehin wenig Respekt vor den Konventionen in Putney. Ihren Butler nannte sie herrisch »Bursche«. In Gewänder aus wallendem, rotem Samt gekleidet, begleitete sie ihre Freunde, im Gehen eine Tasse Tee umrührend, im heißen Sommmerwetter den halben Weg zum Bahnhof.

Es gab keine Überspanntheit, die sie um der Freunde willen nicht erprobt, kein Opfer, das sie nicht gebracht hätte, um noch ein paar weitere Minuten ihrer Gesellschaft genießen zu können. Sir Henry und Lady Taylor hatten das außergewöhnliche Ungestüm ihrer Zuneigung zu erdulden. Indische Schultertücher, Türkisarmbänder, Mappen in Einlegearbeit, Elfenbeinelefanten, etc. ergossen sich über sie. Sie verschwendete sich in sechsseitigen Briefen an die Taylors – »Alles über uns«. Als Mrs. Cameron sich vorübergehend zurückgewiesen fühlte, »sagte sie zu Alice (Lady Taylor), daß sie, noch bevor das Jahr vorüber sei, sie wie eine Schwester lieben werde«, und bevor das Jahr vorüber war, konnte sich Lady Taylor kaum noch vorstellen, wie ihr Leben ohne Mrs. Cameron ausgesehen hatte. Die Taylors liebten sie. Aubrey de Vere liebte sie. Lady Monteagle liebte sie. Und »sogar Lord Monteagle, der Überspanntheit in keiner anderen Form mag, schätzt sie«. Sie stellten fest, daß es unmöglich sei, diese »gütige, leidenschaftliche und großmütige« Frau nicht zu lieben, die »über eine Liebeskraft verfügte, die ich nie übertroffen gefunden habe, und über eine ebensolche Entschlossenheit, geliebt zu werden«. Wenn es schon unmöglich war, ihre Zuneigung zurückzuweisen, so war es wahrhaft gefährlich, ihre Schultertücher abzulehnen. Entweder drohte sie, diese an Ort und Stelle zu verbrennen, oder sie verkaufte das Geschenk, wenn es zurückgeschickt wurde, und erstand mit dem Erlös eine sehr teure Krankenliege, um sie dem Putney Hospital für unheilbar Kranke mitsamt einer Aufschrift zu stiften, auf der man – sehr zum Erstaunen von Lady Taylor, welche die Liege zufällig zu Gesicht bekam – deutlich lesen konnte, daß dies eine Stiftung von Lady Taylor selbst sei. So war es denn besser, den Nacken zu beugen und sich dem Schultertuch zu unterwerfen.

MITTLERWEILE mühte sich Mrs. Cameron um einen etwas dauerhafteren Ausdruck ihrer überschüssigen Energie: in der Literatur. Sie übersetzte aus dem Deutschen, schrieb Gedichte und brachte von einem Roman immerhin soviel zustande, um Sir Henry Taylor recht nervös zu machen bei der Aussicht, das Ganze lesen zu müssen. Band um Band wurde als Drucksache versendet. Sie schrieb Briefe, bis der Postbote sich auf den Weg machte, und dann begann sie ihre Nachschriften. Sie schickte den Gärtner hinter dem Postboten, den Gärtnerjungen hinter dem Gärtner, den Esel im Galopp bis ganz nach Yarmouth hinter dem Gärtnerjungen her. Auf dem Bahnhof in Wandsworth sitzend, schrieb sie Seite um Seite an Alfred Tennyson, bis »beim Falten Ihres Briefes das Kreischen des Zuges ertönte, und dann die Rufe der Schaffner und Gepäckträger mit der Drohung, der Zug werde nicht auf mich warten«, so daß sie das Schriftstück in fremde Hände geben und die Stufen hinabeilen mußte. Jeden Tag schrieb sie an Henry Taylor, und jeden Tag antwortete er ihr.

Sehr wenig bleibt von diesem enormen täglichen Schreibfluß. Die viktorianische Zeit tötete die Kunst des Briefeschreibens durch Gefälligkeit ab: Es war nur allzu leicht, die Post zu erreichen. Eine Dame, die sich hundert Jahre zuvor an ihren Schreibtisch setzte, hatte nicht nur bestimmte Ideale von Logik und Selbstbeschränkung vor Augen, sondern auch das Wissen, daß ein Brief, den zu versenden soviel Geld kostete und den zu empfangen soviel Interesse weckte, Zeit und Mühe wert war. Mit Ruskin und Carlyle an der Macht, mit einer billigen Post als Anreiz und mit einem Gärtner, einem Gärtnerjungen und einem galoppierenden Esel, die das Übermaß an Eingebung aufzufangen vermochten, war Selbstbeschränkung unnötig, und Gefühl frommte einer Dame vielleicht mehr als nüchterner Verstand. Und wenn man so in die Privatbriefe der viktorianischen Zeit hineingreift, wird man von den Freuden und Sorgen enormer Familien überflutet, muß man ihre Keuchhustenanfälle und ihre Schnupfen und ihr Mißgeschick Tag um Tag, ja sogar Stunde um Stunde mitempfinden. Das Niveau der familiären Zuneigung war sehr hoch. Krankheit löste eine Flut von Anfragen und Gunstbeweisen aus. Das Wetter wurde ängstlich beobachtet, um festzustellen, ob vielleicht Richard in Cheltenham naß würde oder ob Jane in Broadstairs einen Schnupfen bekäme. Ernste Vergehen seitens der Gouvernanten, Köche und Ärzte (»Er ist sträflicher Fahrlässigkeit, profunder Ignoranz schuldig«, sagte etwa Mrs. Cameron über den Hausarzt) wurden weitschweifig in Einzelheiten dargestellt, und man fiel voller Wachsamkeit über die geringste Abweichung von der Familientugend her, um sie wortreich mitzuteilen. Mrs. Camerons Briefe waren nach diesem Muster gestaltet. Sie beriet und ermahnte, sie erkundigte sich – mit den allerbesten Wünschen – nach der Gesundheit der liebsten Emily. Oft jedoch waren ihre Briefpartner Männer von erhabenem Genius, denen sie die romantischere Seite ihrer Natur entdecken konnte. Tennyson gegenüber ließ sie sich über die Schönheit von Mrs. Hambro aus: »Vergnügt und anmutig wie ein Kätzchen mit der Gestalt und dem Auge einer Antilope ... Dann ist auch ihr Teint (oder besser ihre Haut) makellos – sie ist wie das Blatt jener »vollkommenen Blume«, der Magnolie – einer Blume, die meiner Meinung nach in ihrer Schönheit so geheimnisvoll ist, als wäre sie das einzige unbefleckte und unverdorbene Überbleibsel aus dem Garten Eden ... wir hatten einen gewöhnlichen Magnolienbaum in unserem Garten in Sheen, und in einer stillen Sommernacht strahlte der Mond auf jene reifen, kostbaren Gefäße, und sie sandten einen Duft aus, der die Seele schwach werden ließ, wenn sie die Köstlichkeit der Blumenwelt empfand.« Aus solchen Sätzen läßt sich leicht folgern, warum Sir Henry Taylor sich geradezu fürchtete, ihren Roman lesen zu müssen. »Ihre geniale Begabung (und davon hat sie eine Menge) ist zu verschwenderisch und überströmend, sie unterscheidet nicht zwischen dem trefflichen Ausdruck und dem unglücklich gewählten«, schrieb er. »Sie lebt von Superlativen, als wären sie ihr täglich Brot.«

DOCH der Höhepunkt von Mrs. Camerons Entwicklung war nahe. 1860 kauften die Camerons einige mit Rosen bewachsene Kotten in Freshwater, verbanden sie miteinander und ergänzten sie durch Nebengebäude, die die großzügig eingeladenen Gäste aufnehmen sollten. Denn in Dimbola – der Name ging auf Mr. Camerons Güter in Ceylon zurück – war jedermann willkommen. »Konventionelles hatte dort keinen Platz.« So lud Mrs. Cameron beispielsweise eine Familie zum Mittagessen ein, die sie auf dem Flußdampfer getroffen hatte, ohne nach dem Namen zu fragen. Sie bat einen barhäuptigen Touristen, dem sie auf der Klippe begegnet war, doch hereinzukommen und sich einen Hut auszusuchen. Eine irische Bettlerin nahm sie zu sich und schickte deren Kind mit ihren eigenen Kindern zur Schule. »Was soll nur aus ihr werden?« fragte Henry Taylor, tröstete sich jedoch mit dem Gedanken, daß bei Julia Cameron und ihren Schwestern, »obwohl sie mehr Glück als Verstand haben«, noch immer »die Allgemeinbildung die Oberhand über die Gefühlsduselei hat«, und sie gewöhnlich ihre überspannten Unternehmungen zu einem erfolgreichen Ende brachten. So wuchs das irische Bettlerkind zu einer schönen Frau heran, wurde Mrs. Camerons Kammerzofe, saß ihr als Modell für ihr Porträt, wurde vom Sohn eines reichen Mannes um ihre Hand angehalten, erfüllte ihre Stellung als Ehefrau mit Würde und Fähigkeit, und erfreute sich 1878 eines Jahreseinkommens von zweitausendvierhundert Pfund Sterling. Allmählich nahmen die Kotten unter Mrs. Camerons Händen Farbe und Gestalt an. Ein kleines Theater wurde gebaut, wo die jungen Leute schauspielerten. Bei gutem Wetter schlenderten sie abends zu den Tennysons hinüber zum Tanz. Wenn es stürmte – und Mrs. Cameron zog den Sturm der Windstille vor –, schritt sie am Strand entlang und ließ nach Tennyson schicken, daß er komme und an ihrer Seite schreite. Die Farbe der Kleider, die sie trug, der Glanz und die Gastfreundschaft des Haushaltes, dem sie vorstand, erinnerten Besucher an den Orient. Aber selbst wenn es ein Element der »feudalen Ungezwungenheit« gab, so herrschte doch auch ein Gefühl der »feudalen Disziplin«. Mrs. Cameron war außergewöhnlich direkt. Sie konnte höchst despotisch sein. »Wenn du je in Versuchung kommst«, sagte sie einer Cousine, »dann fall auf die Knie und denk an Tante Julia.« Sie hatte eine ätzende und freimütige Zunge. Sie jagte Tennyson bis in seinen Turm hinterher und schrie: »Feigling! Feigling!«, wodurch sie ihn zwang, sich impfen zu lassen. Sie hatte ihre Abneigungen wie ihre Vorlieben, und in ihren Gefühlen schwankte sie zwischen »himmelhoch jauchzend und zu Tode betrübt«. Es gab Besucher, die ihre Gesellschaft als aufregend empfanden, so wunderlich und kühn war ihr Konversationsstil, während die Vielseitigkeit und Brillanz der Gesellschaft, die sie um sich zu versammeln pflegte, eine gewisse »arme Miss Stephen« dazu veranlaßte zu klagen: »Ist denn hier wirklich niemand Gewöhnliches?« Dies geschah, als sie Jowetts vier junge Männer Cognac mit Wasser trinken sah, Tennyson »Maud« rezitieren hörte, während Mr. Cameron, der einen Spitzhut, einen Schleier und mehrere Umhänge trug, auf einem

Rasen fürbaß schritt, den seine Gattin in einem Anfall von Begeisterung über Nacht angelegt hatte.

1865, als Mrs. Cameron fünfzig wurde, bot ihr eine von ihrem Sohn geschenkte Kamera endlich ein Ventil für die Energien, die sie in Lyrik und erzählender Prosa und auch damit verzettelt hatte, daß sie Häuser herrichtete, Curry-Gerichte zubereitete und ihre Freunde unterhielt. Jetzt wurde sie Fotografin. Ihre ganze Empfindsamkeit wurde in der neu entstandenen Kunst zum Ausdruck und – was vielleicht noch sinnvoller war – unter Kontrolle gebracht. Der Kohlenschuppen verwandelte sich in eine Dunkelkammer. Der Hühnerstall wurde zum Atelier. Flußschiffer wurden in König Artus verwandelt, Mädchen aus dem Dorf in seine Königin Ginover. Tennyson wurde in Teppiche gewickelt, Sir Henry Taylor mit Lametta gekrönt. Die Kammerzofe saß als Portratmodell, und der Gast mußte, wenn es klingelte, die Tür öffnen. »Ich arbeite ergebnislos, aber nicht hoffnungslos«, schrieb Mrs. Cameron über diese Zeit. Sie war wahrhaft unermüdlich.

»Sie erzählte, daß bei ihrem Fotografieren hundert Negative zerstört wurden, bevor sie ein gutes Ergebnis erzielte. Ihre Absicht war es, den Realismus dadurch zu überwinden, daß sie die genaue Schärfeneinstellung um ein winziges bißchen zurücknahm.« Wie eine Tigerin, wenn es um ihre Kinder geht, war sie genauso großartig kompromißlos in ihrer Kunst. Braune Flecken erschienen auf ihren Händen, und der Geruch von Chemikalien vermischte sich mit dem Duft der wilden Rosen auf der Straße vor ihrem Haus. Sie scherte sich nicht um die Nöte ihrer Modelle, auch nicht um ihren Rang. Der Schreiner und der Kronprinz von Preußen mußten gleichermaßen stocksteif in den Posen sitzenbleiben, die sie wählte, in den Umhängen, die sie arrangierte, und das, solange sie wollte. Sie scherte sich nicht um ihre eigenen Mühen, auch nicht um ihre Niederlagen und ihre Erschöpfung. »Mich verlangte danach, all das Schöne festzuhalten, das mir vor Augen kam, und schließlich wurde mein Verlangen gestillt«, schrieb sie. Maler lobten ihre Kunst; Schriftsteller äußerten sich voller Bewunderung über den Charakter, den ihre Porträts enthüllten. Sie selbst blühte schließlich durch die Genugtuung auf, die sie über ihre eigenen Schöpfungen empfand. »Es ist ein wahrer Segen, der auf meinem Fotografieren liegt«, schrieb sie. »Die Fotografie gibt Millionen Freude.« Verschwenderisch schenkte sie ihre Fotografien weg an Freunde und Verwandte, hängte sie in Bahnhofswartesälen auf und bot sie – so hört man – den Gepäckträgern anstelle von Kleingeld an.

Der alte Mr. Cameron nahm mittlerweile immer mehr zur vergleichsweisen Zurückgezogenheit seines Schlafgemachs Zuflucht. Er selbst fand keinen Geschmack an Geselligkeit, aber er ertrug sie, wie er alle Grillen seiner Gattin mit philosophischem Gleichmut und mit Zuneigung zu ertragen pflegte. »Julia teilt gerade Ceylon auf«, pflegte er zu sagen, wenn sie sich wieder einem anderen Abenteuer oder einer neuen Überspanntheit zuwandte. Ihre gastfreundlichen Einladungen und eine Kaffee-Mißernte (»Charles erzählt mir von der Blüte der Kaffepflanze. Ich sage ihm, daß die Augen des ersten Enkelkindes sicherlich schöner sind als irgendwelche Blüten«, meinte sie.) hatten seine Finanzen in eine heikle Lage gebracht. Aber es waren nicht nur geschäftliche Sorgen allein, die in Mr. Cameron den Wunsch reifen ließen, Ceylon zu besuchen. Der alte Philosoph wurde immer besessener von dem Verlangen, in den Orient zurückzukehren. Da war Frieden. Da war Wärme. Da waren die Affen und die Elefanten, unter denen er einst »als Freund und Bruder« gelebt hatte. Unerwartet – denn das Geheimnis war den Freunden gegenüber gewahrt worden – gaben die Camerons bekannt, daß sie ihre Söhne in Ceylon besuchen würden. Die Vorbereitungen wurden getroffen, und die Freunde gaben ihnen zum Abschied das Geleit nach Southampton. Zwei Särge, vollgepackt mit Glas und Porzellan, wurden an Bord vorausgeschickt, falls denn im Orient Särge nicht zu beschaffen wären. Der alte Philosoph mit seinen strahlenden, ruhigen Augen und mit seinem »in Mondlicht getauchten« Bart, hielt in der einen Hand seinen Elfenbeinstock und in der anderen Lady Tennysons Abschiedsgeschenk, eine blaßrote Rose, während Mrs. Cameron »gefaßt und tapfer« ihre letzten Anweisungen rief und dabei nicht nur ungezählte Pakete, sondern auch eine Kuh fürsorglich im Auge behielt.

Sicher errreichten sie Ceylon, und in ihrer Dankbarkeit veranstaltete Mrs. Cameron eine Sammlung, um dem Kapitän ein Harmonium schenken zu können. Ihr Haus in Kalutara war so von Bäumen umgeben, daß Kaninchen und Eichhörnchen und Beo-Vögel sich überall aufhalten konnten, während ein schöner, zahmer Hirsch an der offenen Tür Wache hielt. Marianne North, die Reisende, besuchte sie dort und traf den alten Mr. Cameron in einem Zustand vollkommenen Glücks an. Er rezitierte Gedichte, ging auf der Veranda auf und ab, wobei sein langes weißes Haar ihm über die Schultern wallte. Den Elfenbeinstock hielt er in der Hand. Drinnen fotografierte Mrs. Cameron immer noch. Die Wände waren mit großartigen Bildern bedeckt, die auch über Tische und Stühle purzelten und sich in malerischer Unordnung mit Büchern und Tüchern vermischten. Mrs. Cameron beschloß sogleich, ihren Gast zu fotografieren, und war drei Tage lang in fieberhafter Begeisterung. »Sie ließ mich stehen, während spitze Kokosnußäste mir in den Kopf stachen ... und wies mich an, dabei vollkommen natürlich zu schauen«, bemerkte Miss North. Dieselben Methoden und Leitbilder herrschten in Ceylon, die einst in Freshwater bestimmend gewesen waren. Man hielt einen Gärtner – obwohl es keinen Garten gab, und der Mann noch nie von der Existenz eines solchen gehört hatte –, lediglich aus dem vortrefflichen Grunde, daß Mrs. Cameron den Rücken des Mannes für »absolut superb« hielt. Und als Miss North unvorsichtigerweise einen wunderschönen grasgrünen Schulterumhang bewunderte, den Mrs. Cameron trug, nahm die eine Schere, und mit den Worten: »Ja, der steht Ihnen wirklich gut«, schnitt sie ihn von einer Ecke zur anderen durch und teilte ihn mit ihrem Gast. Schließlich mußte Miss North wieder abreisen. Aber Mrs. Cameron konnte immer noch nicht ertragen, daß ihre Freunde sie verließen. Wie sie in Putney mitgegangen war, im Gehen ihren Tee umrührend, so mußten nun in Kalutara sie und ihr ganzer Haushalt den Gast den Hügel hinunterbegleiten, um dort auf die mitternächtliche Kutsche zu warten. Zwei Jahre später (1879) starb sie. Die Vögel flatterten durch die offene Tür herein und hinaus. Die Fotografien purzelten über die Tische, und vor einem großen offenen Fenster liegend sah Mrs. Cameron die Sterne glänzen, hauchte das eine Wort »schön« und verschied.

Gabriele Stadler

Lola Montez

ALS LOLA MONTEZ im Herbst 1846 in München eintrifft, ist König Ludwig 60 Jahre alt. Seine Leidenschaft für Marianna Florenzi ist erloschen und weit und breit keine Frau in Sicht, in die er sich verlieben könnte. Diesen Zustand schätzt Ludwig überhaupt nicht. Sein Körper reagiert unterdessen mit Krankheit: Des Königs Stirn verunziert eine Geschwulst, die ihm zu allem Übel auch noch Schmerzen bereitet. Gequält sitzt Ludwig in seiner Residenz und wartet auf Erlösung.

Während dieser krisenhaften Zeit erlaubt sich die Intendanz seines Hoftheaters eine eigenmächtige Entscheidung: Eine Tänzerin namens Maria de los Dolores Porris y Montez hatte sich – wie zahllose andere Tänzerinnen – um ein Engagement bemüht und war abgelehnt worden. Diesen Bescheid legt man dem Monarchen nachträglich vor, nicht ohne darauf hinzuweisen, daß besagte Señora Montez übel beleumdet sei: Auf ihren Theaterreisen quer durch Europa sei sie durch zahllose Temperamentsausbrüche aufgefallen, sie habe sich u.a. durch Affären mit Franz Liszt und Alexandre Dumas – Vater und Sohn – hervorgetan; ihretwegen hätten Ehrenmänner sich duelliert, und selbst ihre hochadeligen Verehrer schone sie nicht durch Diskretion.

Kein Wunder, daß der traurige, unverliebte Monarch hellhörig wird. Jedenfalls will er ganz genau wissen, wodurch »befragte Tänzerin öffentlichen Anstoß gegeben habe«. Einen Tag später, am 7. Oktober 1846, gewährt er der Skandalumwitterten Audienz. In spanischer Sprache tauschen Lola und Ludwig bei diesem ersten Zusammentreffen Gedanken über Kunst und Literatur mit dem Ergebnis, daß Lola bekommt, wonach sie verlangt. Sie darf in München auftreten. »Noch heute ist ihr die Antwort zu eröffnen, mit der Bemerkung, daß ich mich darauf freue, sie tanzen zu sehen«, befiehlt Ludwig dem Intendanten seines Hoftheaters.

Bereits drei Tage später steht Lola auf der Bühne, und zwar in einem Schwank in drei Akten mit dem Titel »Der verwunschene Prinz«. Man war daran gewöhnt, daß die jeweilige Tänzerin bei derartigen Einlagen im duftigen weißen Ballettröckchen auf der Bühne hin und her wirbelte. Nicht so Lola Montez. Sie erscheint in schwarzer spanischer Seidentracht, bewegt sich langsam und rhythmisch zu dem sich steigernden Tempo der Musik. Kenner behaupten, ihre Tanzschritte seien falsch, weder Fandango noch Bolero. Aber was soll's. Ihr Tanz wirkt aufs Publikum. Und auf den König. Die Tänzerin gefällt ihm. Ludwig bittet sie um einen zweiten Auftritt einige Tage später, und vor allem darum, daß sie dem Maler Stieler für die Schönheitsgalerie Modell sitzt. Während dieser Sitzungen kommen der alternde Mann und die junge Frau sich näher.

Was Ludwig an Lola findet, liegt auf der Hand: Schließlich ist sie eine überaus attraktive und aufregende Frau. Was aber findet Lola an dem schwerhörigen, unansehnlichen Ludwig? Will sie ihre Anziehungskraft auf einen leibhafti-

Lola Montez
(Gemälde von Josef Stieler, 1847)

gen König erproben, ihre Laufbahn als Femme fatale buchstäblich krönen? Liebt sie den Dunstkreis der Macht – und des Geldes?

Lolas Memoiren geben über den Verlauf ihrer Beziehung zu Ludwig kaum Aufschluß. Um so genauer sind offenbar die Historiker informiert, die sich jedoch ausschließlich an Ludwigs – stets für die Nachwelt geschriebenen – Tagebuchnotizen orientieren. Heinz Gollwitzer beispielsweise meint: »Dem König gegenüber spielte sie die verfolgte Unschuld und setzte ihm unaufhörlich mit Klagen und Verleumdungen gegen ihre tatsächlichen oder angeblichen Verfolger zu. Ludwig, dessen Verhalten schon bald alle Symptome von Hörigkeit aufwies, war in nur zu vielen Fällen willfährig. Die Abenteurerin hatte ein großartiges Betätigungsfeld gefunden. Die Posse *Der verwunschene Prinz* wurde vom Spielplan abgesetzt, die Tragödie des verwunschenen Königs nahm ihren Lauf.«

Vorerst jedenfalls hat nicht nur Lola, was sie will – ihr Engagement nämlich –, sondern auch Ludwig ist nicht schlecht bedient: Seine trübselige Stimmung ist verflogen, er fühlt sich jung und am Leben. Sein Intimus Heinrich Freiherr von der Tann, der ihm während der Lola-Affäre auch als Zuträger über die Stimmung im Lande dient, erhält folgenden, überschwenglichen Brief: »Und ich kann mich«, bekennt Ludwig, »mit dem Vesuv vergleichen, der für erloschen galt, bis er plötzlich wieder ausbrach … Ich glaubte, ich könne nicht mehr der Liebe Leidenschaft fühlen, hielt mein Herz für ausgebrannt, hielt mich nicht mehr für den Alten, das war mir ein betrübendes Gefühl. (…) Einen neuen Schwung hat mein Leben bekommen, jung bin ich wieder geworden, freudig sieht mich die Welt an.«

Das sind freilich hohe Töne für ein Verhältnis, über das sich die Münchner Gesellschaft von Anfang an »das Maul zerreißt«. Warum eigentlich? Wieso fügt sich die Affäre mit Lola Montez nicht ein in die Reihe der vorherigen Affären des Königs, die ja auch stadtbekannt waren und zumeist großzügig übersehen wurden? Wieso regte man sich plötzlich derart auf? Niemand wußte, und man weiß es bis heute nicht, wie nah sich die beiden gekommen sind, zuerst in einem Nebenhaus des Gasthofs »Zum Hirschen«, wo Lola logierte, und später in dem Haus Barer Straße 7, das sie zum Geschenk erhielt. Besuche und Geschenke dieser Größenordnung waren ganz im Rahmen des üblichen. Doch plötzlich wurden sie von den Münchnern in größere Dimensionen hochgeredet: Aus dem Stadthaus wurde ein Palais, aus einer zweispännigen Kutsche »sechs edle Rösser«, die Ludwig eigens aus England herbeigeschafft habe. Nun kam es auch an den Tag, daß Lola aus Warschau und aus Berlin fortgewiesen worden war, weil sie Polizeiorgane mit der Reitpeitsche bedroht hatte. Zu dieser »Ohrfeigenhistorie«, die gesetztere bayerische Gemüter in ihrer behäbigen Rechtschaffenheit so traf, als ob man sie selbst geschlagen hätte, nimmt Lola in ihren Memoiren Stellung: »Ich aber frage die Männer, womit wir Frauen es denn eigentlich verschuldet haben, daß wir Ihnen gegenüber dazu sollten verdammt sein, stets die Lämmer zu sein, welche sich niemals daran erinnern dürfen, daß die Wange eines Mannes für die Frauen nicht immer zum Küssen da ist? – Wenn der Zorn der Brutalität begegnet, so glaube ich, hat er ein Recht dazu.« Von einer Frau, noch dazu in damaliger Zeit, sind das heftige und herbe Worte – eine provokative Haltung. Vermutlich hat genau diese Haltung den

König angezogen, ihn an die eigene Jugend erinnert, an die Provokationen, die er sich als »teutscher« Kronprinz in napoleonischen Zeiten geleistet hatte und auf die er zeitlebens stolz war. Seine Lola ist ihm also gar nicht so unähnlich: Auch sie schert sich nicht ums Gerede ihrer Umwelt, und auch sie äußert ihre Meinung ganz direkt, mit nur minimaler Rücksicht auf das jeweilig Opportune. Ein Kapitel ihrer umfangreichen Lebenserinnerungen trägt die Überschrift »Krieg den Männern«. Es enthält die Wiedergabe eines Gespräches, bei dem sie ihrem Ludwig vortrug, was sie tun würde, wenn sie eine Königin wäre:

»Ja, Sire, wäre ich als eine Königin geboren, ich hätte die Übel des Krieges über den Erdball getragen und mich mit allen Königen geschlagen.

– Auch mit mir, Lola, fragte der König lächelnd.

– Auch mit Ihnen, Sire.

– Und weshalb?

– Weil ich als Königin auf der ganzen Welt kein Gesetz geduldet haben würde, welches den Männern mehr als den Frauen erlaubt.«

Von Lolas umstürzlerischen Überzeugungen kann die Münchner Bevölkerung freilich – zumindest vorerst – nichts ahnen. Aber es genügt vollkommen, daß sie ohne Papiere in der bayerischen Residenzstadt aufgekreuzt ist: Durch derart »ordnungswidriges Benehmen« macht man sich in jedem Fall verdächtig. Da nutzt es gar nichts, daß Lola fortwährend behauptet, eine spanische Adelige zu sein, und ihre Kurzbiographie sogar in der Zeitung veröffentlichen läßt. Dort beteuert sie: »... daß mein Vater ein carlistischer Offizier war, nach dessen Tode meine Mutter, eine geborene Havaneserin, sich mit einem irländischen

Adelichen verheirathete. Ich bin im Jahre 1823 in Sevilla in Andalusien geboren, und in Folge unglücklicher Familienverhältnisse sah ich mich genöthigt, beim Theater mein Fortkommen zu suchen …«

Eine andere Version verbreitet Lola in ihren 1851 in Berlin erschienenen Memoiren. Folgen wir diesen späten Erinnerungen, so war Lolas Vater ein irischer Gentleman namens Guilbert, Sohn einer Gräfin und eines diskret verschwiegenen Vaters, ihre Mutter ebenso adelig wie spanisch, eine geborene Oliverres de Montalvo. In Sevilla sei sie 1823 auf den Namen Marie Dolores Elisa Rosana Guilbert getauft worden und »Lola« sei von Kindheit an ihr Kosename gewesen. Zwei weitere biographische Varianten sind im Umlauf. Die Historiker nämlich wollen herausgefunden haben, daß Lola als Tochter einer irischen Putzmacherin und eines irischen Offiziers namens Gilbert geboren wurde. Wann und wo läßt sich so genau nicht sagen, entweder 1818 in Limerick, Irland oder auch 1819 (vielleicht auch 1820) in Montrose, Schottland.

Bleiben wir dabei, sie Lola Montez zu nennen. Sicher ist, daß sie ihre ersten 10 Lebensjahre in Indien verbracht hat, wo ihr Vater Armeedienst leistete und sie – folgt man ihren Memoiren – »mit einer beispiellosen Sorglosigkeit erzogen« wurde: »Ich gehörte, glaube ich fast, zu der Klasse der hüpfenden und kletternden Thiere.« Das wilde unerzogene Kind wurde dann nach England, in ein Pensionat in Bath geschickt, um dort eine höhere Töchter-Erziehung zu genießen. Das bedeutete, Sprachen, Klavier und Konversation zu lernen, was Lola nach ihren Angaben mühelos bewältigte, und dabei zugleich den »General en chef« bei den Verschwörungen gegen Reglement und Lehrerin spielte.

Nach dieser abgeschlossenen Einübung ins frauliche Wohlverhalten – Lola ist jetzt 14 – soll sie nach dem Willen der Mutter Alexander Lunley ehelichen. Der ist zwar schon 60, aber im kolonialen Indien sehr vermögend geworden. Auf das junge Mädchen wirkt dieses Ansinnen schockierend. Was daraufhin geschieht, ist wiederum in zwei Versionen überliefert. Nach Lolas eigenen Worten entführt sie der Begleiter ihrer Mutter, den sie fälschlich als Beschützer in ihrer Notlage sieht. »Und am anderen Morgen, dreißig Meilen hinter Bath, war er schon nicht mehr mein Papa!« In anderen Berichten ist sie nicht die Verführte, sondern – wie könnte es auch anders sein – die Verführerin, die höchst romantisch während des Einkaufs ihrer Brautausstattung in Paris mit dem Lebensgefährten der Mutter verschwindet. Egal unter welchen Umständen: 1837 heiratet Dolores Gilbert den Captain Thomas James und folgt ihrem Gatten wie ehemals die Mutter dem ihrigen nach Indien.

DAS EHELEBEN scheint Lola bald langweilig zu sein, um so unterhaltsamer sind die Vergnügungen der Kolonialgesellschaft, die Bälle und Salons, die Ausfahrten und Jagden. Sie übersteht mehr als ein »Liebesattentat« und muß allmählich feststellen: »Der böse Leumund begann mich mit seiner giftigen Zunge anzugreifen. Eine junge Frau, welche das Unglück hat, schön und gesund zu sein, hat in der Regel zwei schlimme Feinde, welche sie erbittert verfolgen. Es sind die Männer, welchen es nicht gelingt, ihr Fallstricke zu legen. Es sind die Mädchen, welchen es nicht gelingt, Männer zu finden.« – Eine völlig unbrauchbare Einsicht für ein häuslich braves Eheweib, aber eine brauchbare für eine junge Frau, die sich in den Intrigen und Machenschaften der besseren Kreise behaupten will. Es kommt, wie es kommen muß: Mrs. James verläßt ihren Mann und unter der Ungnade ihrer Frau Mutter – sie läßt anläßlich des Aufbruchs ihrer Tochter Todesanzeigen verteilen – auch gleich Indien.

Zurück in England beginnt sie unter dem Namen Lola Montez ihre Karriere als Tänzerin, steigt in ein Gewerbe ein, in dem die begehrlichen Blicke der Männer sie in den Himmel der »Weiblichkeit« emporheben und die Mißgunst »ehrbarer« Bürger und Bürgerinnen sie in sündige Höllen stößt. Zwischen 1842 und 1846 bereist Lola halb Europa, tanzt auf den Bühnen von London, Paris, Warschau, St. Petersburg, Moskau, Dresden und Berlin, fährt nach Spanien und Italien. Sie lernt viele Menschen kennen, vor allem natürlich Männer, und genießt ihren Erfolg als Tänzerin und als schöne Frau. Für Eitelkeiten sei sie anfällig, gesteht sie in ihren Memoiren. Ganz uneitel verfährt sie jedoch mit ihren »Männergeschichten«. Intime Berichterstattung ist von ihr nicht zu erwarten. Dabei hat sie im Salon von Georges Sand immerhin solche Berühmtheiten wie Victor Hugo, Honoré de Balzac, Eugène Sue, Théophile Gautier, Alphonse de Lamartine und Alexandre Dumas kennengelernt; wie gut hat sie, wie gesagt, verschwiegen – wodurch den Zeitgenossen und der Nachwelt manch schöne Mitteilung entgangen ist.

Dafür brodelte es in München um so heftiger in der Gerüchteküche. Ihren schärfsten Kritikern war es jedenfalls gerade recht, daß zu den von ihr selbstverfertigten Legenden andere, weit prickelndere dazukamen. Ein Gerücht, das sie nach München begleitete, lautet, ihretwegen habe der Herausgeber der freisinnigen Pariser Zeitung *La Presse* bei einem Duell den Tod gefunden. Wahr soll das nicht sein, erhärtete aber aufs beste den Verdacht, daß die »falsche Spanierin« auch Freimaurerin sei. Wie es einer derart übel beleumdeten Frau gelingen konnte, binnen weniger Wochen zur Herzensdame des Bayernkönigs aufzusteigen, konnten sich dessen tugendhafte Biographen nur dadurch erklären, daß sie Lola Montez dämonisch-teuflische Fähigkeiten zuschrieben. Der König, der »lichterloh brannte«, ist damit billigerweise entschuldigt.

Als Tänzerin ist Lola in München zweimal – manche sagen viermal – aufgetreten. Trotzdem blieb sie im Mittelpunkt des allgemeinen Interesses. Denn Ludwig spazierte am hellichten Tag in die Barer Straße zu seiner Lolita. Am 30. November 1846 meldet der preußische Gesandte in München, Graf Bernstorff, in einem Geheimbericht nach Berlin: »Alle Ehrfurcht vor der Heiligkeit der Person des Monarchen, jeder Begriff von der Würde des Thrones wird durch diese rücksichtslose Öffentlichkeit gewaltsam mit Füßen getreten.« Das monarchische Prinzip geriet also ins Wanken. Und sogar das mühsam aufrechterhaltene Bild vom königlichen Familienglück war in Gefahr: Immerhin hatte die langmütige und überdisziplinierte Königin Therese ihren Gatten schon zu Beginn der Lola-Affäre für einige Tage aus der gemeinsamen Loge im Theater verwiesen. Wohin sollte das führen?

Lola wird bekämpft. Sie ist und bleibt der passende Aufhänger, um Unmutgefühle und diffuse Ängste zu artikulieren. So heißt es in einem Flugblatt-Vaterunser von 1847:

»Lola Montez, leider Gottes noch die Unsere, die du bald lebst in, bald um München, bald in China, bald in Sendling, du Teufel ohne Hörner und Schweif, aber mit sonst allen Teufelskünsten und Attributen, du Babylonische, die nirgends fast mehr leben kann, weil sie dich schon überall hinausgehauen, verwünscht sei dein Name… dein Wille geschehe; friß und schwelg und vergib uns unsere Schuld, wenn wir dich nicht genug noch durchgewalkt haben und verachten, komm und laß dich massakrieren oder bleib draußen und laß dich woanders totschlagen, auf daß wir erlöst sind von dir und der Pest und allen daran hängenden Übeln. Amen.«

Es war Vormärz, auf die Restaurationspolitik seit 1815 hatte man geduckt und feig reagiert. Und solche Duckmäuserei schafft Unbehagen und auch Angst, für die man nur allzugern »die anderen«, die Außergewöhnlichen, diejenigen, die außerhalb der Ordnung stehen, verantwortlich macht. Hinter der »sauberen« Fassade eines Obrigkeitsstaats wird normalerweise kräftig intrigiert. Solches tat auch der Minister Abel. Nach außen gab er sich ruhig und abwartend, so daß der König schon den Eindruck gewonnen hatte, er würde die Affäre vom politischen Tagesgeschehen ausklammern. Aber Ludwig hat sich getäuscht. Abel war bei den Versuchen, den König von seiner Lolita abzubringen, der wichtige Mann im Hintergrund. Selbst Papst Pius IX. wird bemüht. Am 9. Februar 1847 geht ein päpstlicher Ordnungsruf an Ludwig ab.

Mittlerweile war Lola auf die Idee gekommen, daß es von Vorteil wäre, eine Gräfin zu sein. Um so mehr, als man sie in München bei dieser Gelegenheit einzubürgern hatte, denn in den Adelsstand konnten nur Einheimische erhoben werden. Sehr wahrscheinlich hat Lola sich diesen Vorgang weit einfacher vorgestellt, als er in Wahrheit gewesen ist. Denn der König war bei der Verleihung des Bürger- und Adelsrechts zwar nicht gebunden, aber er hatte zuvor die Meinung des Staatsrats anzuhören. Und welche Meinung das Kabinett Abel vertrat, konnte man sich denken. Am 3. Februar wurde dann die Frage des Bürgerrechts, des Indigenats, höchstoffiziell erörtert, nachdem der Magistrat das Gesuch um Einbürgerung abgelehnt hatte, weil Lola bekanntlich keine Papiere besaß. Im Staatsrat beschäftigte man sich daraufhin mit der Frage, ob Lola denn überhaupt volljährig sei, ob sie ausreichend Schulbildung und Religionsunterricht genossen habe. Kurzum, man versuchte vorerst, das Verfahren zu verschleppen und eine direkte Stellungnahme zu umgehen – wahrscheinlich in der Hoffnung, daß der König währenddessen zur Besinnung käme und von seinem Vorhaben abließe. Ludwig aber veranlaßt eine weitere Sitzung am 9. Februar. Alle Staatsräte – außer Georg Ludwig von Maurer – lehnen Lolas Einbürgerungsantrag ab. Graf Bray legt dem Monarchen das Sitzungsprotokoll vor, und der scheint es nicht einmal zu lesen. Jedenfalls signiert Ludwig: »München, 10. Februar 1847. Meine Entschließung ist unverweilt ohne Einrede auszuführen.« Und in einem Begleitschreiben: »In Bayern besteht das monarchische Prinzip. Der König befiehlt, und die Minister gehorchen.«

Politisch gesehen war es ein Fehler, daß Ludwig die Regierung Abel ausgerechnet über die Einbürgerung der Lola Montez stürzen ließ. Zumal er schon länger mit dieser erzkonservativen Regierung und mit Abels Führungsstil nicht einverstanden war. Aber jetzt sieht es so aus, als hätte allein Lola einen politischen Kurswechsel bewirkt. Überdies ist Abel aus seiner Entlassung gestärkt hervorgegangen. Als tapferer Streiter gegen das Teufelsweib Lola ist er so populär wie nie zuvor, und der politische Katholizismus bekommt kräftig Aufwind. Vorerst jedoch hatte der König eine neue Regierung berufen, die von aufgeklärten und liberalen Zeitgenossen euphorisch begrüßt wurde: das sogenannte Ministerium der Morgenröte mit dem Kulturprotestanten Georg Ludwig von Maurer an der Spitze. Allenthalben sprach man vom »Systemwechsel«.

DIE ADELSURKUNDE wird am 25. August 1847 ausgefertigt, an dem Tag, an dem sowohl Lola als auch Ludwig Geburtstag haben. Ludwig wird 61 Jahre alt und Lola eine Gräfin von Landsfeld »wegen der vielen, den Armen Bayerns erzeigten Wohltaten«. Man lästert zwar allgemein, daß die Standeserhebung ungültig sei, schon weil der Name der Geadelten, Maria Porris y Montez, ein falscher sei – ruhiger aber wird die Stimmung im Lande nicht.
Bei alledem wird Ludwigs Beziehung zu Lola schon seit längerem grundsätzlich mit Politik verbunden. Ist sie nicht doch die heimliche Regentin? Zudem fällt Lola weiterhin durch spektakuläre Aktionen auf: Sie soll von zwei Lakaien begleitet ausgehen, was doch nur den Damen der königlichen Familie zusteht. Sie soll ihre Pferde aus dem königlichen Marstall anfordern. Und sie soll jeden, der sie nicht bei ihrem frischgebackenen Titel nennt, beim König anschwärzen. Die Minister weigern sich allerdings trotzdem, ihr den erwünschten Besuch abzustatten. Dafür hat sich an der Universität das Korps Alemannia zusammengeschlossen, eine Art Garde für Lola Montez und eine ständige Provokation an der katholisch gesinnten Hochschule. Am 7., 8.

und 9. Februar kommt es zu regelrechten Straßenschlachten, auf deren Höhepunkt Lola persönlich eingreift. Mit gezückter Pistole soll sie sich in den Tumult am Odeonsplatz gestürzt haben, um ihre Alemannen zu verteidigen. Als man sie überwältigt, soll sie in die Theatinerkirche geflüchtet sein.

Ludwig stellt sich zunächst auf ihre Seite. Er bittet die Verfolgte in seine Residenz und gibt augenblicklich Befehl, die Universität bis zum Wintersemester 1848/49 zu schließen. Im Laufe des Vormittags des 11. Februar 1848 kapituliert er jedoch vor dem Druck der Bürger und der Reichsräte, die sich im Bayerischen Hof versammelt haben: Binnen einer Stunde muß Lola die Stadt und Bayern verlassen. Die Universität wird sofort wieder geöffnet.

Einen Monat nach ihrer Ausweisung wird Lolas Haus geplündert. Vorher, am 9. März, ist sie noch einmal, als Bäuerin verkleidet, nach München zurückgekehrt. Mitten in der Nacht soll sie Ludwig im Polizeipräsidium getroffen und ihn beschworen haben, ihr ins Schweizer Exil zu folgen, um ein neues Leben zu beginnen. Aber sie wird sofort abgeschoben. Die Situation ist damit freilich nicht entschärft, denn die politische Unzufriedenheit, die schon lange in der Bevölkerung gegärt hatte, kommt im Zuge der französischen Revolutionsereignisse auch in München zum Ausbruch. Am 19. März dankt Ludwig I. zugunsten seines Sohnes Maximilian II. ab: »Regieren konnte ich nicht mehr«, erklärt er öffentlich, »und einen Unterschreiber abgeben wollte ich nicht.«

Es ist Ludwig überaus schwergefallen, auf seine Königswürde zu verzichten. Bis an sein Lebensende hat er unter dem jähen Machtverlust gelitten und immer wieder gefürchtet, er wäre auf seine alten Tage zur »Untätigkeit« verdammt. Hinzu kamen – unmittelbar nach dem Thronverzicht – Nachrichten über Lola, die ihn nur wenig erfreuten: Sie ging über Bern und Genf zurück nach England, trat wieder als Tänzerin auf, heiratete schon im Juli 1848 den zwanzigjährigen Cornett George Traford Heald. Wegen Bigamie angeklagt – sie war ja noch immer Mrs. James – floh Lola im Dezember 1851 nach Amerika.

Ludwig läßt seinen Kummer in Gedichte fließen. Sein Leben lang behauptet der abgedankte Bayernkönig vor sich und der Welt, seiner verhängnisvollen Liebe zu Lola habe er die Krone geopfert, die schöne Tänzerin habe sein Königsleben zerstört. Das entspricht den Tatsachen zwar nicht so ganz, aber Ludwig hat sich ja stets bemüht, eigene Fehlleistungen zu übersehen und statt dessen die »Schuld« bei anderen zu suchen. Die Historiker haben dieses Verfahren bis zum heutigen Tag fast ausnahmslos übernommen: Nicht Ludwigs unzeitgemäße politische Haltung, sondern jene »spanische Fliege« wird für die Ereignisse im Revolutionsjahr 1848 verantwortlich gemacht. Eine populäre Geschichtsfälschung, die auf Ludwigs eigene Legendenbildung zurückgeht.

Lola selbst versucht sich zu verteidigen, indem sie den Standpunkt ihrer Gegner einnimmt und ihn entsprechend denunziert. Zum Abschluß ihrer Memoiren schreibt sie: »Diese Lola ist nichts, als eine Courtisane: wie unrecht, daß sie ein König liebt! Ach glaubt es mir, Ihr tugendhaften Leute: diese Weltgeschichte im Unterrock, wie Ihr sie nennt, ist oft eine bessere Weltgeschichte, als diejenige ist, welche in Pantalons einherstolzirt und sich so träge, so kraftlos, so gleichgültig oder so frech, anmaßend und über ihre

Thatkraft begehrlich zeigt.« Aus solchen Bemerkungen geht hervor, daß auch Lola die Bedeutung ihrer Rolle in München gewaltig überschätzt. Sicherlich: Drei Ministerien sind über ihrem Tanzbein gestürzt, weil ein autokratischer – und sicherlich verliebter – Monarch sie partout zur Gräfin Landsfeld erheben wollte. Aber dieser Monarch hätte seinen Regierungsstil auch ohne die »Lola-Calamität« verändern müssen, oder, da er das nicht konnte, eben abtreten. Weltgeschichte hat Lola Montez also nicht gemacht, auch nicht die von ihr berufene »Weltgeschichte im Unterrock«.

IM FERNEN AMERIKA hat Lola ebenso erfolgreiche wie gelegentlich skandalumwitterte Tourneen absolviert. In einer Revue *Lola in Bavaria* erschien sie als Tänzerin, Politikerin, Gräfin, Revolutionärin und Flüchtling. Für einige Zeit hat sie sich im eben gegründeten San Francisco niedergelassen und in Grass Valley in Sacramento die Goldgräber des Abends mit ihrem »Spider-Dance« becirct. Verheiratet war sie auch noch einmal, 1853, der Ehemann starb jedoch bald.

1855 nahm sie eine Einladung zu einer Tournee des Theaters von Sydney in Australien an. Ob sie dort Erfolg hatte, weiß man nicht genau; verlottert und verarmt lebte sie jedenfalls nie. Nach ihrer Australientournee versuchte Lola andere Wege, sich ihren Lebensunterhalt zu verdienen. Sie hielt nun Vorträge über ihr Leben und ihre Reisen, über »Heroines of History«, über den »Comic Aspect of Love« und über »Romanism«, die römische Kirche. 1858 werden in New York drei Bücher unter dem Namen »Lola Montez, Countess of Landsfeld« veröffentlicht. Eines davon heißt: *The Arts of Beauty; or Secrets of a Lady's Toilet* – also ein Ratgeber für die Schönheitspflege; er soll in mehrere Sprachen übersetzt worden sein. Lola ist jetzt ungefähr vierzig Jahre alt. Eine fortschreitende Krankheit, die mit Lähmungserscheinungen verbunden ist, fesselt sie ans Haus. Sie stirbt, fromm und mildtätig geworden, am 17. Januar 1861 in New York. Über König Ludwig hat sie nie ein böses Wort gesagt oder geschrieben.

Auch Ludwig selbst hat sich mit verbitterten oder gar abwertenden Äußerungen sehr zurückgehalten. Energisch hat er sich jedoch um Vergessen bemüht: Lolas Name durfte in seiner Gegenwart nicht mehr genannt werden, man sprach, wenn es denn unvermeidlich war, von dem »bewußten Gegenstand«. Das Bild jenes »bewußten Gegenstandes« in der Schönheitsgalerie der Residenz wurde verhängt und später bei Nacht und Nebel entfernt.

Princesse J. de Caraman Chimay

Veuve Clicquot Ponsardin

ALS DIE FRANZÖSISCHE REVOLUTION ausbrach, war sie ein junges Mädchen von zwölf Jahren. Ihr Vater, ein angesehener Bürger der Stadt Reims, interessierte sich für die *res publica* und nahm an den lokalen Ereignissen regen Anteil. Obwohl er überzeugter Royalist war – er beteiligte sich an den Krönungsfeierlichkeiten Ludwigs XVI. – fühlte er sich von den neuen Ideen angesprochen, neigte zu einer konstitutionellen Monarchie. Obwohl er zur Zeit der Krönung Mitglied des Stadtrates war, wurde er 1789 einer der Vertreter des Dritten Standes am Reimser Bezirksgericht und ließ sich später als Mitglied des Jakobiner Clubs eintragen.

Im Jahre 1810 wurde er durch kaiserlichen Erlaß Bürgermeister der Stadt, und Napoleon verlieh ihm den Titel eines Barons. Dieser Titel wurde später von Ludwig XVIII. bestätigt. Er weihte 1816 auf der Place Nationale (die wieder in Place Royale umbenannt worden war) das Denkmal Ludwigs XV. ein.

Kurz danach starb er, und so endete ein Leben, im Verlaufe dessen er mehr um das Wohlergehen der Stadt und nebenbei auch um seine eigenen Interessen besorgt war als um die Weltpolitik. Die Gefühle, die er für die verschiedenen

Regierungen hegte, wechselten nicht häufiger als die vieler seiner Zeitgenossen; das Beispiel des Fürsten von Talleyrand mag hier genügen.

Wenn auch das vielsagende Wappen, das sich Herr Ponsardin bei der Erhebung in den Adelsstand wählte (eine unter einer Brücke schwimmende Sardine), seine Neigung, mit dem Strom zu schwimmen, bildlich wiedergab, blieb er wegen seiner Fürsorge für die Leidenden und der unermüdlichen Hilfe, die er den Arbeitslosen angedeihen ließ, beim Volk sehr beliebt. Er wäre heute wahrscheinlich in Vergessenheit geraten, wenn nicht seine Tochter Nicole-Barbe, einem Brauch in der Champagne treu, ihren Mädchennamen an den ihres Ehegatten geknüpft hätte.

Im Jahre 1790 wurde die Gewalttätigkeit durch die näher rückende Invasion und das große Elend, das aus der Krise in der Textilindustrie resultierte, begünstigt. Unter dem lauten Geschrei nach Freiheit, Gleichheit, Brüderlichkeit erlebte die Stadt Reims blutige Stunden. Gleich am Anfang dieser düsteren Epoche wurde die junge Nicole-Barbe aus der »Abbaye Royale de Saint-Pierre-les-Dames«, in der sie erzogen wurde, zurückgeholt. In ihrem Kleid aus billigem Wollstoff und mit Holzschuhen an den Füßen lebte sie bei einer Schneiderin, die ihren Eltern treu ergeben war. Sie konnte hinter geschlossenen Fensterläden versteckt die Trommeln hören, die die Freiwilligen zum Dienst in Kellermanns Armee aufriefen. Sie konnte die Patrioten sehen, die phrygische Mützen trugen und singend in Richtung Place Nationale zogen, auf dem ihr Vater der Göttin der Vernunft huldigte und, umgeben von einer Kohorte »weiß gekleideter Bürgerinnen«, von denen die väterliche Vorsicht seine Tochter fernhielt, den Baum der Freiheit pflanzte.

Madame Veuve Clicquot, geb. Ponsardin (1777–1866)
(Gemälde von Léon Cogniet)

Als die gefährlichsten Stunden vorbei waren, kehrte sie in das schöne Hôtel Ponsardin in der rue Cérès zu ihren Eltern zurück. Das Echo der Pariser Ereignisse hallte nur sehr gedämpft zurück. Nicole-Barbe wußte nichts um den Prunk des Direktoriums und verfolgte nur von weitem die neuen Moden, die Madame Tallien und Madame de Beauharnais einführten. Der aufsteigende Ruhm Bonapartes mag vielleicht die Reimser Jugend begeistert haben, Nicole-Barbe führte jedoch weiterhin ein zurückgezogenes Leben bis zu dem Tag, an dem François Clicquot ihr den Hof machte und sie auch heiratete. Das geschah im Jahre 1799.

DIE SOZIALE STELLUNG der jungen Eheleute läßt vermuten, daß sie gut zueinander paßten. Uns hindert jedoch nichts an der Annahme, daß François, weil er noch so jung war, diese Ehe ebenso aus Neigung wie auch aus reiner Vernunft einging. Nicole-Barbes Teint, wie Milch und Blut, war damals sehr gepriesen, und aus ihren Augen strahlte Intelligenz. Sie war gerade zwanzig Jahre alt geworden, und ihr Gemahl war erst dreiundzwanzig. Ihre beiden Familien mußten sich gefreut haben, Monsieur Clicquot, der Vater von François, unter dem Namen Clicquot-Muiron bekannt, war Bankier und Tuchhändler und außerdem Weinhändler, da er den aus seinen Weinbergen stammenden Wein an einen kleinen Kreis von Freunden und Geschäftspartnern verkaufte.

Als François und Nicole-Barbe heirateten, konnte man noch an den Frieden glauben. Die Londoner Friedensverhandlungen (Oktober 1801) und der Vertrag von Amiens (1802) schenkten Europa für eine Weile Ruhe, und die

Kaufleute träumten von einer Wiederbelebung ihrer Geschäfte.
François interessierte sich viel mehr für Weine als für die Weberei oder das Bankwesen. Vielleicht war er froh, den vergitterten Schaltern, der langweiligen Buchhaltung und dem Lärm der Weberschiffchen in den Webhallen entkommen zu können. Er zog es vor, in seiner offenen Kutsche die Hänge der Champagne zu durchqueren. Man kann sich François gut vorstellen: in einem tadellos sitzenden, haselnußbraunen oder kornblumenblauen Anzug, einen modischen Zylinder auf dem Kopf und Stulpenstiefel aus weichem Leder tragend, in Begleitung seiner jungen Frau in ihren duftigen Musselinkleidern, ihr zartes Gesicht mit einem Sonnenschirm mit gekrümmtem Stiel schützend. Bald kannten sie alle Dörfer. Über Chigny-les-Roses und Verzenay, Louvois, Bouzy und Ambonnay, durch den Wald, den man in der Champagne mit fast mediterraner Übertreibung das »Reimser Gebirge« nennt, das bis ins Marnetal hinabreicht, durchquerten sie die Gegend von Ay bis Le Mesnil und von Avize bis nach Oger. Sie hielten überall an, unterhielten sich mit den Winzern, informierten sich über Anbaumethoden, bereiteten den Kauf von Trauben vor und wohnten zur Zeit der Weinlese bei Großmutter Clicquot in Bouzy, um die Weinlese zu überwachen und den Most zu probieren.

FRANÇOIS begab sich mehrmals in die Schweiz, nach Schwaben, Bayern und nach Österreich. Auf einer dieser Reisen, die ihn nach Basel führte, begegnete er Herrn Bohne. Dieser kleine, rothaarige und dickbäuchige, sehr aktive Mann gefiel ihm. Er stellte ihn als »Reisenden« ein. Dieser Mann war zwanzig Jahre lang der zuverlässigste aller Freunde, der intelligenteste und kühnste seiner Mitarbeiter.

François und sein Vater gaben nach und nach ihre anderen Aktivitäten auf und widmeten sich ganz ihrem Weingeschäft. Neue Märkte wurden erschlossen. Zu ihren Kunden zählten die Herzöge von Sachsen-Coburg und Württemberg, der Markgraf von Ansbach, der Fürst von Hohenlohe und, im Schloß zu Lumigny, der Marquis de Mun, dessen Nachfahre hundert Jahre später und über viele Jahre hindurch das Haus Veuve Clicquot leiten sollte. Der Bruch des Friedensvertrages von Amiens im Jahre 1803 brachte die Geschäfte auf diesem Kontinent jedoch nicht zum Stillstand, und der Versand verdreifachte sich innerhalb von drei Jahren.

Ein Kind, die kleine Clémentine, erblickte das Licht der Welt, und alles in allem ging es gut, bis François, von einem bösartigen Fieber befallen, vierzehn Tage später, im November 1805, starb.

François' Tod war für seinen Vater ein harter Schlag, denn er hatte sich mehr und mehr auf die umsichtige Betriebsamkeit seines Sohnes verlassen. Der arme Mann ließ sich immer mehr entmutigen. Die Weinlese war sehr schlecht, der Krieg nahm kein Ende, und sein Sohn war nicht mehr da. Monsieur Clicquot-Muiron beschloß, sich zurückzuziehen und sein Geschäft zu verkaufen. Was geschah zu diesem Zeitpunkt? Wir wissen es nicht. Eines ist jedoch sicher: Madame Clicquot-Ponsardin, seine Schwiegertochter, widersetzte sich diesem Entschluß.

Vier Monate nach François' Tod gründete sie eine Gesellschaft, fand in der Person des treuen Herrn Bohne einen ersten Teilhaber und in der des Herrn Fourneaux einen zweiten; letzterer war ein Experte in der Kunst der Auswahl und des Zusammenstellens von Weinen. Sie verfügte über ein beachtliches Kapital, das zum größten Teil auf Kosten ihres Schwiegervaters zusammengebracht wurde, und beschloß, die Geschäfte unter dem Firmennamen Veuve Clicquot-Ponsardin, Fourneaux & Co. weiterzuführen. In der ersten Hälfte des 19. Jahrhunderts war eine derartige Entscheidung das Zeichen einer ungewöhnlichen Charakterstärke.

Nicole-Barbe war bereit, eine große Verantwortung zu tragen, als die Tragödie auf sie zukam. An eine Wiederverheiratung hat sie nie gedacht. Sie widmete sich im Alter von siebenundzwanzig Jahren ganz der Verwaltung ihres Vermögens und der Erziehung ihrer Tochter – in einem hoch geachteten Witwendasein und zunehmender Wohlbeleibtheit.

WELCH EINE ENERGIE muß sie gehabt haben! Ihr erstes Geschäft wurde zu einer Katastrophe. In jenem Jahre 1806, also kurz nach Trafalgar und Austerlitz, befanden sich sechzigtausend Flaschen auf dem Weg von Amsterdam nach Hamburg und Danzig. England hatte im Gegenzug eine Seeblockade gegen Napoleon beschlossen und sperrte allen Schiffen, die aus kontinentalen Häfen ausliefen, die Weiterfahrt. Die Schiffe der königlichen Marine patrouillierten auf den Meeren. Die Schiffe, die ihrer Kontrolle entkamen, konnten sich glücklich schätzen.

Die sechzigtausend Flaschen, die schlecht gelagert und zum

raschen Verderben verurteilt waren, mußten an Ort und Stelle zu Spottpreisen verkauft werden. Dies ist ein Beispiel für das Schicksal mancher Lieferungen von Madame Clicquot während etwa acht Jahren.

Napoleons siegreiche Feldzüge durch Europa fanden den Beifall des Volkes, das sich von den militärischen Erfolgen berauschen ließ und in jedem neuen Feldzug den Ansatz zu einem Frieden sah. Im Grunde ihres Herzens sehnten sich jedoch alle nach dem Frieden, ob Sieger oder Besiegte, ob Feinde oder Verbündete. Wie immer, wenn die Menschheit in solche periodischen und grausamen Kämpfe verwickelt wird, wird es zunehmend schwieriger, Recht und Schuld eines jeden Landes zu beweisen. Verbündete verraten und wechseln das Lager, Verträge werden zerrissen, eingegangene Verpflichtungen vergessen.

Erstaunlich ist, daß mitten in diesem Chaos noch Waren aller Art über Straßen und Kanäle transportiert und trotz aller Gefahren selbst über die Meere befördert wurden bis zu so entfernten Orten wie Sankt Petersburg, Moskau, Warschau, Wien, Riga, Danzig, Hamburg, Triest, Konstantinopel und Malta. Während französische Schiffe und die der Satellitenstaaten nur mit Mühe aus ihren Häfen auslaufen konnten, genoß die amerikanische Flagge Vorrechte. So kam es, daß Madame Clicquots Weine, von amerikanischen Kapitänen transportiert, nicht nur New York erreichten, sondern auch London und selbst Wellingtons Heer in Portugal. Musselin aus Indien und Schals aus Kaschmir erreichten wahrscheinlich auch auf diesem Weg die Tuileries und Malmaison, worüber der König sehr verärgert war.

In jener Zeit gab es nur wenige im Ausland ansässige Vertreter oder Agenten. Die Kunden warteten auf den Besuch der Handelsreisenden, die die Bestellungen entgegennahmen, diese weiterleiteten und den Transport der Waren organisierten. Alles hing von der Energie dieser Männer ab, um die im Wege stehenden Hindernisse auszuräumen. Der Straßenzustand war entsetzlich, die Herbergen, Umspann- und Poststationen waren meistens äußerst primitiv, die gemieteten Pferde kurzatmig und die Wagen schlecht. Wärme, Kälte, Flöhe und Läuse zählten zu den geringeren Übeln. Seereisen brachten ihre Gefahren mit sich. Darüber hinaus waren die Kontakte zu den Kunden nicht immer einfach.

Trotz der ihren Geschäften nicht gerade günstigen Umstände entsandte Madame Clicquot beharrlich ihre Vertreter in die ganze Welt und erhielt in Reims ausführliche Berichte über ihre erlebnisreichen Reisen.

Herr Bohne, der König der Handelsreisenden, hatte für sich die Märkte Ostdeutschlands, Österreichs und Rußlands reserviert. In Sankt Petersburg verbrachte er etwa die Hälfte der acht Jahre, die zwischen 1806 und dem Abdanken des Kaisers lagen. Von dort aus unternahm er häufige Reisen nach Memel, Riga, Hamburg und Wien, wo er die sich »für das Ende des Krieges« ansammelnden Bestellungen entgegennahm. Stets war er auf der Suche nach Gelegenheiten, die den Absatz seiner Weine fördern konnten. So schrieb er im Jahre 1806: »Die Zarin ist schwanger; wenn sie einem Prinzen das Leben schenkt, wird in diesem Riesenland Champagner in Strömen fließen. Bitte sprechen Sie nicht darüber, sonst würden all unsere Konkurrenten hierherkommen.«

Trotz immer wieder auflebender Hoffnungen blieben die Geschäfte recht kompliziert. Im Jahre 1809 gab Herr

Bohne die folgende Beschreibung über Hamburg: »Hier sieht man nur Schwadronen von Zöllnern, die Schmuggler festnehmen. Der mit Ketten abgesperrte Hafen bietet ein erbärmliches Bild. Das Volk bettelt, und die hohe Handelswelt lamentiert. Was aus mir in diesem Milieu wird? Ich laufe von Tür zu Tür. Man unterhält mich mit den eingetretenen Änderungen, dem Krieg, den Beschlagnahmungen, den in Häusern von Steuerschuldnern einquartierten Soldaten, den erlittenen Verlusten, den notwendigen Einschränkungen und, wenn ich versuche, mir mitten in diesem Gejammer Stimme zu verschaffen, um über mein Produkt zu reden, lacht man mich aus, man lamentiert über die noch nicht verkauften Mengen und beginnt von neuem, die politischen Hindernisse aufzulisten.«

IM JAHRE 1810 zeichnete sich eine neue, jedoch nur kurze Ruheperiode ab, als der Kaiser die Erzherzogin Marie-Louise heiratete. Die zerrissenen Völker, und auch Napoleon selbst, konnten wieder einmal an den Frieden glauben. Das Bündnis mit Österreich schien dafür zu bürgen. Diese Ruhe war jedoch nur eine Scheinruhe.
Aus Lübeck schrieb Herr Bohne an Madame Clicquot:

> »Die wirtschaftliche Stagnation ist unbeschreiblich. Die Verordnungen unseres Kaisers, die Kolonialwaren und die englischen Unternehmen betreffend, haben die Dinge so weit gebracht: Englische Waren werden verbrannt, der Seehandel ist wegen der englischen Flotte unmöglich, und hinzu kommt das Eis. In Wien kann der Adel die Lieferanten nicht mehr bezahlen, weil sein Weizen seit

> drei Jahren nicht mehr verkauft werden konnte. Die Preise stürzen. Nach der Pest und Hungersnot ist das Papiergeld die größte Plage.«

Diese wenigen Auszüge reichen aus, um die Schwierigkeiten zu schildern, die von den Handelsreisenden überwunden werden mußten, und werfen ein brutales Licht auf die Probleme, die Madame Clicquot bei der Aufrechterhaltung ihrer Geschäfte im Weg standen. Trotz alledem erreichten die Bestellungen ihren Schreibtisch, die Weine wurden aus Reims versandt und erreichten manchmal ihren Bestimmungsort.
Der Gewinn war zwar gering, knapp drei- bis viertausend Francs im Jahr, etwa eine halbe Million von heute. Die Jahre vergingen mit ihrer Last an Sorgen, unzureichenden Weinlesen, teuren Trauben, mangelnder Liquidität – und immer wieder flammte der Krieg auf, dessen Ende man herbeisehnte.

WÄHREND IHRE HANDELSREISENDEN kreuz und quer durch Europa fuhren, verließ Madame Clicquot Reims nur selten, es sei denn, sie fuhr zu ihrem Anwesen nach Oger, einem netten Haus, nicht ohne architektonische Eleganz, das inmitten ihrer Weinberge lag. Die Möbel waren gepolstert oder gesteppt und mit blauem Perkal überzogen. Das Haus existiert noch heute, ebenso wie einige Stühle und Kanapees, die für den Sitzenden bequemer sind als manche von den besten Dekorateuren entworfenen modernen Sitzgelegenheiten. In Bouzy wie in Reims achtete sie sehr auf ihre Korrespondenz. Sie zeigte Qualitäten eines Vorgesetzten, ermutigte ständig, erteilte Ratschläge und war präzise in der Äußerung ihrer Wünsche. Sie verfügte über die Gabe, nur soweit wie unbedingt notwendig einzugreifen. Ihre unangezweifelte Autorität übte sie nie aus, um die Initiativen ihrer Handelsreisenden zu hemmen, sie ließ sie frei und nach eigenem Ermessen den Ereignissen zufolge handeln.

Ihre häufigen Briefe, ihre prompten Antworten, ihre Anteilnahme nicht nur an den Erfolgen, sondern auch an den Schwierigkeiten, ihr persönliches Interesse für jeden und ihre Aufgeschlossenheit für Gesundheit, Privat- und Familienleben bewegten ihre Angestellten zu detaillierten Berichten und zu totalem Vertrauen. Während der langen Monate, die sie in Reims verbrachte, kümmerte sie sich persönlich um die Kellerarbeiten. Täglich traf sie sich mit Jacob, dem Oberböttcher, unterhielt sich mit ihm über die Entwicklung der Weine, über die Schaumbildung (ein schwieriges Problem, da noch keine wissenschaftlichen Erkenntnisse über Gärstoffe vorlagen) und über die günstigsten Versandtermine. Die Wärme, die Kälte, das lange Liegen in ungeeigneten Lagerräumen hatten einen negativen Einfluß auf die Haltbarkeit des Weins und nicht alle Flaschen, die über die Grenzen gelangten, kamen in einwandfreiem Zustand an.

Herr Bohne schrieb an Madame Clicquot:

»Eine furchtbare Sache, die mit mir aufsteht und mit mir zu Bett geht (sic) – die Krötenaugen. Große Augen liebe ich überall, nur nicht auf dem Champagner! Möge der Himmel uns vor ihren verheerenden Auswirkungen schützen!« Herr Bohne, der solche Hilferufe sandte, war oft verzweifelt.

Ein Problem beschäftigte Madame Clicquot ohne Unterlaß,

das des Rüttelns. Gärung verursacht die Bildung eines Satzes, der entfernt werden muß. Damals aber: »Der Satz wurde entfernt, indem man die Flasche mit dem Flaschenhals zur Erde weisend vor das Licht einer Kerze hielt, um die Menge des Satzes zu erkennen. Der Flasche wurde mehrmals ein mehr oder weniger harter Schlag versetzt. Es war ein endloses Verfahren« , und der Wein wurde nicht immer glanzhell.

NACHTS, wenn alle Kellerarbeiter weg waren, ging Madame Clicquot mit einer Kerze durch die Keller, zählte die Flaschen, schätzte die Cuvées, veranschlagte die Anzahl der Lieferungen. Das »verdammte« Rütteln verursachte Verspätungen und verhinderte des öfteren, daß der Champagner zum zugesagten Termin »ganz fertig war«. Durch vieles Nachdenken kam sie auf eine Idee: Sie ließ in lange Tische Löcher bohren, in die sie die Flaschen mit dem Hals nach unten steckte, »sur pointe«, wie sie zu sagen pflegte, und wie es auch heute noch in der ganzen Champagne genannt wird. »Was soll das schon«, murmelten die Kellermeister, »der Wein wird dadurch nicht schneller klar.« Die Macht der Routine und das Mißtrauen gegenüber einer weiblichen Erfindung erhöhte noch ihre Skepsis: »Seht euch mal diesen Unsinn an! Der Wein wird nur noch trüber werden. Wie soll es den Satz daran hindern, wieder auf den Flaschenboden zu gelangen? Verschwendung, pure Verschwendung.« Madame Clicquot setzte ihre nächtlichen Versuche fort. Sie lernte, wie man mit einem leichten Schlag den Satz von der Flaschenwand löste und ihn zum Hinuntergleiten brachte. So gelang es, in weniger als drei Monaten eine Flasche degorgierfertig zu machen. Das Degorgieren erfolgte mit einem Minimum an Risiko. Die perforierten Tische wurden nach und nach durch schräge Rüttelpulte ersetzt, die raumsparender waren, jedoch nach dem gleichen Prinzip verwendet wurden – und dies verdankt man Madame Clicquot. Als die Erzeugnisse ihrer Kellerei berühmt wurden, erweckten sie die Gier von Fälschern, gegen die gekämpft werden mußte.

Madame Clicquot reagierte sehr energisch; sie schrieb an Monsieur de Failly: »Meinerseits bedarf es keiner weiteren Überlegung, noch brauche ich Rücksicht zu nehmen, wenn es um das Entlarven und Bestrafen von Betrügern geht, die meinen kommerziellen Ruf schänden. An ihm (Marc Robin, einem Fälscher) muß ein Exempel statuiert werden.«

Der Staatsanwalt wurde angerufen und die Anklage dem Gericht in Metz übergeben.

Marc Robin, der geflohen war, wurde zu zehn Jahren Zuchthaus verurteilt, außerdem sollte ihm mit einem glühenden Eisen der Buchstabe F auf die rechte Schulter gebrannt werden; er sollte eine Geldstrafe in Höhe von 100 Francs zahlen sowie Schadenersatz in Höhe von 6000 Francs leisten, die mit Vorzugsrecht aus den beschlagnahmten Weinen gezahlt werden sollten; außerdem sollte Robin die Prozeßkosten tragen.

An Stelle eines Honorars bekam jeder Anwalt ein fürstliches Geschenk … 25 Flaschen!

Robin, der in Frankfurt untergetaucht war, richtete einen Bittbrief an Madame Clicquot:

»Sobald Sie sich von meiner Unschuld überzeugt haben, darf ich hoffen, Madame, daß Sie bemüht sein werden, mir in meine ehemalige Stellung zurückzuhelfen.«

Die Antwort war logisch, kurz und trocken: »Ihren Brief habe ich erhalten. Wenn Sie mir Dinge zu enthüllen haben, schreiben Sie es mir, und wenn Sie sich für unschuldig halten, stellen Sie sich als Gefangener in Metz, und verbüßen Sie die in Abwesenheit verhängte Strafe.«

DAS JAHR 1816 begann auf eine sehr beunruhigende Weise. Reims hatte während des französischen Feldzuges unter den zurückströmenden Armeen der Sieger und Besiegten zu leiden.

Madame Clicquot schrieb am 25. Januar, als sie den unmittelbaren Einzug der Truppen befürchtete, an ihre Cousine, Mademoiselle Gard-Le Tertre:

> »Seit mehreren Tagen bin ich damit beschäftigt, meine Keller zumauern zu lassen, ich fürchte jedoch, daß dies Diebstahl und Plünderung nicht verhindern wird. Wenn ich ruiniert werde, werde ich mich damit abfinden müssen. Meinen Wohlstand werde ich nur wegen meines armen Kindes vermissen. Für sie wäre es wünschenswert gewesen, solch ein Unglück wäre fünf oder sechs Jahre früher geschehen, dann hätte sie all das nicht gekannt, was sie jetzt verlieren wird, und es wäre für sie weniger schmerzhaft gewesen. Ich werde mich bemühen, alles zu entbehren, alles zu opfern, damit sie weniger leidet; ich will ihr meine Tage widmen.«

Am 16. Februar zog sich die 15 000 Mann starke russische Armee, die bei Montmirail geschlagen wurde, nach Reims zurück und quartierte sich dort ein. Es begann die Zeit der Beschlagnahmungen und der Demütigungen. Am 5. März

wurde die Stadt von General Corbineau zurückerobert, der jedoch die Woche später dem preußisch-russischen Corps Saint-Priest weichen mußte. Am Abend des 13. März wüteten die Kämpfe in den Vororten. Napoleon, der sich geschworen hatte, die Nacht in Reims zu verbringen, drang in der Nacht unter den Beifallrufen der Bevölkerung in die Stadt ein. Um zwei Uhr morgens wurde er in das in der Rue de Vesle gelegene Hôtel Ponsardin gebracht, das dem Bruder von Madame Clicquot gehörte. »Es wird erzählt, daß Madame Ponsardin höchstpersönlich das Kopfkissen des Kaisers aufgeschüttelt hat, wie die Tradition es von der Dame des Hauses verlangte.«
Napoleon blieb drei Tage in Reims, in einer Atmosphäre größter Begeisterung, die ihresgleichen nur wenige Wochen später bei der Krönung Ludwigs XVIII. fand. Mit Recht könnte man sich über diesen Meinungsumschwung wundern, wenn wir uns nicht schon längst unsere Meinung über die Unberechenbarkeit der Menschheit gemacht hätten. Er verließ die Stadt, ließ aber Marmont und Mortier mit einigen Truppen zurück, die jedoch bald unter dem Druck des Feindes zum Rückzug gezwungen wurden. Am 19. März wurde die Stadt erneut von Russen und Preußen besetzt. Die Ereignisse überschlugen sich. Am 1. April wurde in Paris eine Übergangsregierung gebildet, am 6. April dankte der Kaiser ab. Einen Monat später begannen die Alliierten mit dem Truppenabzug aus Reims. Madame Clicquot, die sich nicht mehr zu den Anhängern Bonapartes zählte, schrieb:

»Die Stunde ist gekommen, in der wir endlich, nach soviel Leid und Drangsal, die die Stadt ertragen mußte, wieder aufatmen können und auf die Wiederherstellung eines allgemeinen und dauerhaften Friedens sowie unserer leider viel zu lange eingeschränkten und zunichte gemachten Geschäftsbeziehungen hoffen dürfen. Dank dem Himmel! Ich bin verschont geblieben. Mein Besitz und meine Kellerei sind unversehrt geblieben, und ich bin bereit, die Geschäfte wiederaufzunehmen und fortzusetzen soweit die glückliche Wende im Verlauf der Dinge uns dies gestattet.«

In einem anderen Brief schrieb sie: »Gott sei Dank, ich habe keine Verluste zu verzeichnen, und mir steht nicht zu, über Lasten zu klagen, die keinem erspart blieben.«
»Lange Zeit«, so schrieb sie an einen russischen Freund, »hat uns die Hand Satans weit von Ihnen ferngehalten; Gott hat sich des starken Arms der Alliierten bedient, um sein Urteil zu fällen, und von nun an können wir unsere eigentlichen Rechte ausüben und zu unseren Mitmenschen, gleich welcher Nation sie auch angehören mögen, freundschaftliche und fruchtbare Beziehungen unterhalten.«
Aus dem Vorhergehenden kann man schließen, daß trotz der alliierten Truppen, die Städte und Dörfer überschwemmten, daß trotz der Exzesse und Gewalttaten der durchziehenden Heerscharen, nur wenige über die Niederlage verbittert waren. Frankreich, kriegsmüde, genoß den Frieden. Selbst die Marschälle hatten ihre einstigen Herren im Stich gelassen. Die Thronbesteigung Ludwigs XVIII., die Aussicht auf ein normales Leben, das Gefühl eines einheitlichen Vaterlandes, die geschickte Diplomatie eines Talleyrand auf dem Wiener Kongreß, das alles weckte neue Hoffnungen. Die Feinde von gestern wurden zu den Verbündeten

von heute und zu den Kunden von morgen. Europa öffnete dem Handel seine Tore, und die Geschäftswelt erwachte aus ihren Alpträumen.
Madame Clicquot dachte, es sei jetzt an der Zeit, die sich in Herrn Bohnes Brieftasche angesammelten Bestellungen auszuführen und den zahlreichen unter ihnen, die er in Rußland entgegengenommen hatte, zu entsprechen. Die Kriegsfolgen waren noch tausendfach zu spüren. So blieben die Tore des Moskovitischen Reiches für den Weinhandel geschlossen, und Importlizenzen waren nach wie vor notwendig. Madame Clicquot ließ sich dadurch nicht aufhalten. Sie schickte Bohne nach Rouen, empfahl ihm, dort ein Schiff zu chartern und schrieb ihm:

> »Mit großer Freude habe ich von dem Eifer vernommen, mit dem Sie ein Schiff gechartert haben, und ich bin Ihrer Meinung, daß ein solches völlig neues Verfahren nur Vorteile bringen kann. Sobald Sie über die notwendigen Informationen, vor allem über die Zulassung unserer Weine in Rußland, verfügen, bitte ich Sie, mich mit der ersten Briefpost zu unterrichten.
> Ich glaube ebenso wie Sie, daß man an dem bevorstehenden Vertragsabschluß und an der Friedenserklärung nicht zweifeln sollte, und deshalb möchte ich nicht zögern, Ihnen gleich einige tausend Flaschen zu senden, wenn es nicht noch ein anderes Problem gäbe.
> Seit einigen Tagen treffen kaum noch Truppen ein, und es herrschen wieder Ruhe und Ordnung. Wie Sie aber wissen, müssen unsere Weine behandelt, umgefüllt oder umgelagert werden, ehe sie zum Versand kommen können. Leider können diese unentbehrlichen Arbeiten nicht

in dem gewünschten Tempo ausgeführt werden, weil es an Arbeitskräften mangelt, wodurch sich verspätete Lieferungen aus meinem Keller ergeben werden.
Sollte gegen alle Erwartungen die Einfuhr unserer Weine nach Rußland verboten bleiben, so könnte man die Auslieferung dennoch vornehmen und meine Weine nach Königsberg oder Memel senden.«

Dem Kapitän des Schiffes machte Madame Clicquot die drakonische Auflage, ausschließlich ihre Ware an Bord zu nehmen; sie zwang Bohne, sich mit den Flaschen einzuschiffen, und sie schickte »das Ganze« nach Königsberg. Bohne biß in den sauren Apfel, ohne daß man für ihn eine Kabine oder gar ein Bett an Bord hatte. Madame Clicquot bemitleidete ihn in nettem Ton, weil er an Bord »so schlecht untergebracht« war, aber weder sie noch Bohne dachten an eine Änderung der Pläne. Vertrauensvoll, wie sie war: Es würde sich schon alles vor Ende der Reise regeln.
Das ausgesuchte Schiff war ein holländisches, die »Sweers Gebroeders«, mit Kapitän Cornelis; es verdrängte 75 Fässer, also kaum mehr als ein moderner Lastkahn. Es lief am 6. Juni aus und erreichte Königsberg am 3. Juli. Dort erfuhr Bohne, daß der Trick gelungen war und daß die Grenzen für französische Waren offen waren. Madame Clicquots Weine wurden in tadellosem Zustand gelöscht.
Die Russen gewährten der »Sweers Gebroeders« zweifellos einen freudevollen Empfang. Sie waren ohnehin scharf auf Wein aus der Champagne und erinnerten sich noch lebhaft an den, den sie auf ihren Zügen durch Frankreich getrunken hatten. Ein zweites und ein drittes Schiff segelten zur Hauptstadt Alexanders.

Die Nachfrage war so groß, daß der Wein nicht mehr reichte, um ihr nachzukommen. Herr Bohne schrieb an Madame Clicquot: »Wenn Sie die Hoffnung hegen, mit sechzigtausend armseligen kleinen Flaschen die Kunden beliefern zu können, dann muß eine besondere Vermehrung stattfinden wie damals mit den fünf Broten, mit denen Christus zehntausend Menschen sättigte.« Neue Märkte wurden erschlossen, und »jetzt setzten sich die Engländer in Bewegung.« Der Londoner Markt wurde tatsächlich um 1820 zur Drehscheibe des internationalen Handels.
Nach und nach gelang es Madame Clicquot, ihren Besitz aufzubauen, dem sie so viele Anstrengungen gewidmet hatte.

DIE JAHRE VERGINGEN, und aus Clémentine war eine junge Dame geworden.
Im Jahre 1817, im Alter von 17 Jahren, verließ sie den »Couvent des Anglaises« in Paris und kehrte nach Hause zurück, wo sie, einige Monate lang, das eintönige und geborgene Leben der jungen Damen der Provinz führte. Handarbeit, der Besuch des Gottesdienstes, der Verkehr mit den Cousinen Ponsardin und Clicquot genügten, um die Tage auszufüllen, die Abende verbrachte man mit Gesellschaftsspielen.
Clémentine war keine glänzende Spielerin und war auch untröstlich darüber. »Weine nicht, Mentine«, pflegte ihre Mutter tröstend zu sagen, »weine nicht, wenn ich dich verheiraten werde, werde ich dir Geist kaufen.«
Denn Madame Clicquot trug sich mit dem Gedanken, sie zu verheiraten. Heiratsvermittler und Ehestifterinnen began-

nen um das Mädchen herumzuscharwenzeln, aus dem die mütterliche Betriebsamkeit eine sozusagen reiche Partie gemacht hatte. Zwei Geistliche, Abbé Marchand und Abbé d'Humières, sowie Mademoiselle Gard le-Tertre, eine in Paris lebende Verwandte von Nicole-Barbe, schalteten sich ein. Madame Clicquot war mißtrauisch und besorgt wegen der Mitgiftjäger und der zu reichen Freier. Im Kreis der Damen Clicquot erschien jedoch eines Tages der Graf de Chevigné, wahrscheinlich auf Vermittlung von Mademoiselle Gard. Der junge Mann hatte kein Vermögen. Der Anfang seines Lebens war höchst dramatisch. Er wurde im Januar 1793 geboren, sein Vater fiel im März an der Seite des Generals de Charette während des Aufstandes in der Vendée. Seine Mutter kam mit ihren sechs Kindern, darunter ihrem Jüngsten, den sie noch stillte, ins Gefängnis von Nantes. Wegen der dort herrschenden Seuchen erlaubte man schließlich barmherzigen Menschen, die eingesperrten Kinder an sich zu nehmen. Der kleine Junge wurde von Mademoiselle Duchenet einer Dame in Nantes, Madame de Bouillin, anvertraut, die ihn wie ihren eigenen Sohn erzog. Als er zwölf Jahre alt war, schickte sie ihn auf das städtische Gymnasium, wo er unter der Obhut von Monsieur Richard Castel erzogen wurde. Mit zweiundzwanzig Jahren wurde Louis in die königliche Garde aufgenommen. Während der noch 100tägigen Herrschaft ging er mit Ludwig XVIII. nach Gent, und nach der Rückkehr des Königs gehörte er zur königlichen Eskorte. Im gleichen Jahr veröffentlichte er in Zusammenarbeit mit Monsieur Castel sein erstes literarisches Werk, eine in Versen verfaßte Übesetzung von Vigils *Moretum.* Am 8. Juli schließlich nahm Madame Clicquot Louis' Heiratsantrag offiziell an.

Wie alle großen Kapitäne vermochte Madame Clicquot ihre Amtsgewalt auf qualifizierte Menschen zu übertragen. Sie beauftragte ihre Cousine in Paris und ihren künftigen Schwiegersohn mit der Auswahl von Clémentines Garderobe. Anscheinend gab es da einiges zu tun. Madame Clicquot schreibt an Mademoiselle Gard:

> »Ich war ganz enttäuscht, weil die Postkutsche kein Kleid mitbrachte, denn der Duc de Doudeauville kam zum Abendessen, und Clémentine war sehr schlecht angezogen. Dies hat Monsieur de Chevigné sehr geärgert und mich infolgedessen auch.«

Hier ist nicht einmal die Rede von den Gefühlen der armen Clémentine, die doch in höchstem Maße auch noch die Verlegenheit ihres Verlobten und die ihrer Mutter mitempfinden mußte!
Der Brief geht weiter:

> »Ich habe, ebenso wie Du, daran gedacht, meinem Schwiegersohn ein Geschenk zu machen, aber welches? Denke bitte darüber nach, und kaufe das für mich, was Du für richtig hälst. Sende es mir bitte mit dem Postwagen, damit ich es ihm bei seiner Ankunft in Reims überreichen kann. Monsieur de Chevigné soll morgen den Postwagen nehmen, um das Brautgeschenk zu holen. Er hat mir erklärt, daß er keine Diamanten schenken würde. Mir persönlich ist das gleichgültig, aber ich denke, daß Clémentine doch enttäuscht wäre, wenn sie keinen bekommen sollte. So habe ich ihm erzählt, daß sie sich schon immer einen diamantenverzierten Kamm gewünscht hat, und ich glaube, er wird ihr einen schenken.

> Ich werde ihm meine eigenen Diamanten geben, und er wird sie fassen lassen. Da er Dich um Rat bitten wird, möchte ich, daß sie eine Brosche bekommt, weil ich weiß, daß sie sich eine wünscht.«

Und Madame Clicquot schließt:

> »Monsieur de Chevigné scheint immer zufrieden. Clémentine auch, sie ist jedoch so schüchtern, daß sie sich nicht traut, es zu zeigen. Was mich betrifft, je mehr ich meinen künftigen Schwiegersohn sehe, desto mehr mag ich ihn leiden. Die ganze Familie ist ihm sehr zugetan. Die Hochzeit ist nun endgültig auf den 15. dieses Monats festgelegt.«

Am 13. September 1817 fand die Trauung wegen eines kurz zuvor eingetretenen Trauerfalles in einem engen Kreise statt. Madame Clicquot schreibt an Mademoiselle Gard:

> »Meine Kinder sind miteinander sehr zufrieden. Clémentine ist ihrem Mann gegenüber nicht mehr verlegen. Sie duzt ihn jetzt und zeigt ihm gegenüber gar keine Hemmung. Sie singt vom frühen Morgen bis zum späten Abend. Das gleiche gilt für Monsieur de Chevigné, und ich kann sagen, daß ich heute eine glückliche Mutter bin und keines der Opfer bereue, die ich mir auferlegt hatte. Mein Schwiegersohn ist mir gegenüber rücksichtsvoll, aufmerksam und ausgesprochen freundlich, und ich bin ihm von Herzen gut. Liebe Freundin, ich vergesse nicht, daß ich Dir das Glück verdanke, einen guten Sohn zu haben, und meine Dankbarkeit wird bis an mein Lebensende reichen.«

Am 15. Juni 1819, auf den Tag genau neun Monate nach ihrer Hochzeit, brachte Clémentine ein Mädchen zur Welt: Marie-Clémentine.

Louis de Chevigné war natürlich ein liebenswerter Mann. Seine Frau liebte ihn, und bei seiner Schwiegermutter hatte er einen Stein im Brett. Er war der liebevollste Ehemann, der liebevollste Vater und als Schwiegersohn ein ebenso großer Anbeter, wie er selbst angebetet wurde.

Das der Verlobung vorausgegangene Feilschen, die Verhandlungen mit den einzelnen Vermittlern, das mütterliche Zögern, die Tatsache, daß Clémentine bereit war, sich in irgendeinen zu verlieben und in der Angelegenheit anscheinend nie ein Wort zu sagen hatte, hinderten die Eheleute keineswegs in ihrem Glück. Madame Clicquot war stolz auf ihr neues Vermögen und kaufte ihrer Tochter nicht nur Geist, sondern auch einen Namen, einen Titel, eine gesellschaftliche Stellung, die aus ihr eine »Grande Dame« und die Ahnin von drei Herzögen machte. Diese typisch aus reinem Interesse geschlossene Ehe wurde zu einer glücklichen.

MONSIEUR DE CHEVIGNÉ war dichterisch begabt, ein schöner Mann, ein Spieler, intelligent, doch ohne praktischen Sinn und selten guten Rates. Vielleicht war er sich dessen bewußt, denn man erzählt, daß er auf seinem Sterbebett entwaffnend flüsterte: »Ich bin leicht, leicht, leicht.« War das ein Urteil über sein eigenes Leben oder das Empfinden eines Sterbenden?

Infolge seiner fröhlichen und gutmütigen Natur amüsierte er sich über alles, interessierte sich für alles und paßte sich mit Eifer den Sitten seiner angeheirateten Familie an. Nichtsdestoweniger war er sich dessen bewußt, was ihm als von den Musen geliebten jungen Herren zustand. Im Hôtel Ponsardin und in dem Häuschen in Bouzy wohnen, in Verzenay den Winzer spielen, mit Clémentine ein kleines Mittagessen halten, das war schön und gut, reichte aber dem Mann, der er geworden war, nicht aus.

Allmählich wurde die sparsame und weise Madame Veuve Clicquot zu großspurigen Ausgaben verleitet und sah sich mit der Notwendigkeit konfrontiert, die ohnehin schon hohen Einkünfte noch zu erhöhen.

Monsieur de Chevigné brauchte zunächst ein Schloß.

Seine Schwiegermutter, immer lächelnd und voller Nachsicht, bewunderte, zahlte und hatte noch nie soviel Freude am Leben.

Soll man sich dessen wundern? Ich glaube nicht. Madame Clicquot hat wahrscheinlich nie kämpfen müssen, um unerfüllte Wünsche zu unterdrücken. Sie hatte keineswegs Komplexe. Das Abenteuer ihres geschäftlichen Lebens hatte bislang ausgereicht, um ihre Phantasie auszufüllen, die sie der Disziplin ununterbrochener Arbeit anzupassen wußte. Der Graf de Chevigné öffnete ihr das Tor zu einer anderen Welt, die der Phantasie. Sie genoß das mit offener Unbefangenheit.

Leider ließ es der verleitende Louis nicht dabei bewenden. Er bewog »Mère Chérie« zur Wiedereröffnung der Bank und der Weberei, auf die seinerzeit François verzichtet hatte. Unser Trio warf sich in Geschäfte, in denen die furchtlose Witwe noch einmal den Beweis ihrer fabelhaften Eigenschaften an den Tag legte, die ihr jedoch nicht so geläufig waren wie der Weinhandel.

Der Tod von Baron Ponsardin und des Herrn Bohne etwa um diese Zeit beraubte sie wahrscheinlich mäßigender Ratschläge. Der Optimismus, den sie aus ihrem intellektuellen Gleichgewicht und ihrer eisernen Gesundheit schöpfte, versetzte sie für eine Weile in die Lage, alle drei Unternehmen mit Erfolg zu leiten. Und dennoch, trotz ihres Einsatzes, der aus ihrer Korrespondenz hervorgeht, vermochte sie sie nicht mit der notwendigen Genauigkeit zu überwachen. Die Weberei verlor viel Geld, und die Bank trug die Belastung

DAS SCHICKSAL WOLLTE ES, daß im Jahre 1821 ein junger Mann aus dem Rheinland von einem der vielen Freunde, die Madame Clicquot dort hatte, ihr vorgestellt wurde.

Er war der zweite Sohn des Postmeisters des Kurfürstentums Hessen. Er war gebürtiger Franzose, wurde 1814 deutsch und entschied sich später wieder zur Annahme seiner ursprünglichen Staatsbürgerschaft. Er hatte seine Eltern verloren, war 20 Jahre alt, verfügte über ein gewisses Vermögen und wünschte sich eine »Praktikantenstelle«, wie man es heute nennen würde, im Hause Veuve Clicquot-Ponsardin. Er war zuverlässig, arbeitsam und umsichtig. Seine Portraits zeigen strenge Gesichtszüge, die kein Lächeln mildert. Er machte sich mit der Kellerarbeit gründlich vertraut. Madame Clicquot überließ ihm bald an ihrer Stelle den Besuch der Weinberge, die Kontrolle der Weinbergsarbeit und die Auswahl der Cuvées. Dank seiner Fähigkeiten, die er unter Beweis stellte, stieg er in weniger als zehn Jahren zu einer leitenden Stellung des Hauses auf, nicht weil dessen aktive Chefin das Ruder aus der Hand gab, sondern weil sie zu intelligent war, um sich nicht mit klugen und besonnenen Ratgebern zu umgeben, und sie legte auf den Rat von Edouard Werlé immer mehr Wert. Während sich Madame Clicquot mehr und mehr an die blühende Geschäftsentwicklung gewöhnte, deren Schmied sie selber war, kam es 1828 zum Krach einer bekannten Pariser Bank. Diese Krise bestimmte eine Wende in der Leitung des Hauses Clicquot. Der Einsatz von Edouard Werlé, sein Weitblick und die wachsende Rolle, die er in der Leitung des Unternehmens spielte, brachten ihm sowohl das Vertrauen von Madame Clicquot als auch Mitentscheidung ein. Chevigné dagegen gab weiterhin Anlaß zu Sorgen wegen seiner unüberlegten Ausgaben und seiner Vorliebe fürs Spielen. Madame Clicquot war zweifellos erleichtert, zwischen den ständigen Geldforderungen ihres Schwiegersohnes und der Kasse, die strenge Stirn ihres neuen Teilhabers zu wissen. Monsieur de Chevigné mußte nunmehr, wenn ihn das Spiel zu weit verleitet hatte, diesem strengen und kalten Geschäftspartner Rechenschaft erteilen, anstatt seine nachgiebige Schwiegermutter zu becircen. Der arme Louis konnte sich nur noch mit Mitteln der Verzweiflung helfen. Er unternahm eine unglückliche politische Kampagne, die ihm ein wenig Geld von Madame Clicquot einbrachte, griff dann wieder zur Feder, schrieb Gedichte und veröffentlichte eine Sammlung von Versen mit dem Titel: »Les Contes Rémois«, mit denen er versuchte, mit La Fontaine zu wetteifern; er bat Meissonnier, dieses Werk zu illustrieren. Es wurde Gegenstand unzähliger Auflagen, denn jedesmal, wenn der Autor einige Ecu brauchte, ließ er das Buch, dessen Schlüpfrigkeit seine Schwiegermutter schockierte, neu auflegen. Sie kaufte die gesamte Auflage, um sie den Leselustigen zu entziehen, und Chevigné steckte nicht unbeachtliche Summen in die Tasche.

Marie-Clémentine, die Prinzessin mit den schwarzen Haaren, erreichte das heiratsfähige Alter. Sie vermählte sich mit dem Grafen de Mortemart. Zu dieser Zeit ließ sich Madame Clicquot vom Wiederaufbau des Schlosses Boursault (1842) überzeugen und verwirklichte somit den Plan, mit dem sich ihr Schwiegersohn zwanzig Jahre herumtrug. Aus dem schlichten, kleinen Schloß zwischen Turmruinen aus der Feudalzeit wurde das immense Bauwerk, dessen Pracht die Passanten in Bewunderung versetzte. Auf der Fasssade ließ sie die Worte »Natis Mater« (eine Mutter für ihre Kinder) anbringen, und bei der Dekoration ließ sie sich von der Renaissance inspirieren.

Viele Besucher kamen, um der zurückgezogen lebenden Dame des Hauses ihre Aufwartung zu machen. Charles Monselet, der um 1850 die »charmante Familie« beschrieb: Madame Clicquot duldete mit einem verständlichen Despotismus keinen anderen Champagner als den ihrigen auf dem Tisch.

»Ich allein, und das genügt«, sagt Medea.

»Der Staat bin ich«, sagte, Ludwig XIV. Madame Clicquot sagte ihrerseits: »Der Wein bin ich.« Es gab keinen Rotwein auf der Tafel; dursten oder Champagner trinken. Ich konnte mich für einige Augenblicke für eines dieser gekrönten Häupter halten, deren Exklusivlieferanten Madame Clicquot war, für einen der Großen dieser Welt, Prinz, Cesarowitsch, Erzherzog, römischer Kardinal, Nabob, der Lord-Mayor, die geschworen haben, keinen anderen Champagner als den der »Witwe« zu trinken, wie man diese ehrwürdige, erlauchteste Dame ungezwungenerweise in der ganzen Welt nannte.

DER PARK und die Umgebung des Schlosses machen einen freundlicheren Eindruck als die Wohnräume selbst. Von der Terrasse aus erstreckt sich der Blick unendlich weit bis zum Horizont, über den Wald, das flache Land, das Tal, durch das sich der Silberstreifen der Marne zieht. Die Phantasie des Landschaftsarchitekten, der den Park anlegte, liebte zu gestalten, zu graben, Hügel zu formen. Die Felsen, die hier und dort aus der Erde ragen, wurden unter großen Anstrengungen dorthin versetzt. Die Brücken, die zu den Felsen führen, folgen dem Lauf der Bäche, die hier und da von Menschenhand angelegt wurden. Diese Phantasie war natürlich ruinös, jedoch Madame Clicquots Großzügigkeit wurde unaufhörlich von ihrem Schwiegersohn angesprochen, dessen Wünsche sie nicht abzuschlagen wußte. Es gefiel Monsieur de Chevigné, die Gesellschaft der Champagne einzuladen, Vergnügungen zu erfinden, Feste und Jagden zu veranstalten, Mimik und Bälle zu geben, auf denen die Damen sich in Eleganz zu überbieten versuchten. Am Festtag Saint Louis wurde ein Feuerwerk veranstaltet, das den ganzen Park erhellte ... Madame Clicquot ließ sich alles gefallen!«

Von allen Seiten kamen Bittsteller im Vertrauen auf die Großzügigkeit der Schloßherrin von Boursault. Als die Einwohner Epernays knapp an Wasser waren, schenkte sie der Stadt die Quellen, die heute noch die Stadt versorgen und nach ihr »Fontaines Clicquot« genannt werden. Ihre Korrespondenten kamen aus den unterschiedlichsten Milieus.

Als 1846 ihr ein Pommeraner fette Gänse schickte, in der Hoffnung auf einen Korb Champagner, ließ Madame Clicquot, die sich aus Gänsefleisch nichts machte, das Geschenk an die Herzogin von Orleans senden, von der sie glaubte, ihr würde als Deutsche das Geflügel aus ihrer Heimat eine Freude machen. Die Herzogin revanchierte sich mit einem Schmuckstück und Madame Clicquot, die an Höflichkeit nicht nachstehen wollte, ließ dem Pommeraner hundert Flaschen erster Cuvée schicken.

Und dieses noch: Als im Jahre 1852 die berühmte Porte de Mars, eine der schönsten Bauten in Reims, einzustürzen drohte, schrieb Mérimée an Herrn Vitet: »Wir haben den Marquis de Pastoret zu Madame Clicquot, der Königin von Reims, entsandt. Es wird behauptet, sie brauchte nur ein Wort zu sagen, und die Porte ist gerettet.«

Das Tor steht heute noch!

Mit diesen Anekdoten wollen wir schließen. Sie bestätigen eine Stellung, die Madame Veuve Clicquot mit ihrer harten Arbeit, ihrer Großzügigkeit und ihrer würdevollen Lebensweise zu erobern wußte.

Lassen wir sie auf der Terrasse auf Boursault, in ihren flohbraunen oder goldkäferfarbenen Gewändern, glücklich und stolz auf das, was sie geleistet hat.

Natalie Clifford Barney

Colette

UNSERE TOTEN gehören uns mehr als unsere Lebenden, denn sie zwingen uns, das Erbe an Erinnerungen, das sie uns hinterlassen, zusammenzustellen und seinen Stand zu ermitteln: letztlich das Elementare aus den unzähligen Begegnungen herauszuziehen, bei denen wir uns allzuoft durch ein Scheinbild unserer selbst ersetzt fühlen.

Welches waren, über die Begegnungen hinaus, bei denen Colette sich darin hervortat, zu spielen, Colette zu sein, unsere wirklichen Begegnungen, außerhalb dieser trägen Vertrautheit, in der wir uns so oft und schlecht gesehen haben? Habe ich mit Colette einige dieser Schlüsselmomente erlebt, in denen das geheimnisvolle Wesen eines Menschen uns plötzlich enthüllt wird? Aber vielleicht braucht eine zärtliche Freundschaft wie die unsere gar keine solchen gewaltigen Enthüllungen. Im Gegensatz zu den Schwankungen der Liebe war die Beständigkeit eines solchen Gefühls ein Hafen, geschützt vor den Stürmen, in die wir allzuoft gerieten. In dieser Hinsicht hat der englische Satz *Love me little love me long* einiges für sich, aber wie ihn auf diese tröstliche Vergangenheit anwenden, von der wir wie »überzogen« sind – wie von einem Retuschierlack, der die Bilder auffrischt?

Hier also zunächst einige Sätze von Colette aus *Claudine s'en va*, die mir helfen, die lebhaften Farben und bestimmte Aspekte unserer Jugend wieder erstehen zu lassen:

> »Da ist Miss Flossie, die, um eine Tasse Tee abzulehnen, so langgezogen ›Non‹ sagte, daß ein kleines gutturales Röcheln zu hören war – erst da war sie ganz mit sich im Einklang. Alain möchte nicht (warum?), daß ich mit ihr bekannt bin, dieser Amerikanerin, die schmiegsamer als eine Schärpe ist, deren strahlendes Gesicht von goldenen Haaren schimmert, von Augen so blau wie das Meer und erbarmungslosen Zähnen. Sie lächelte mich unbefangen an, ihre Augen hingen an meinen, bis ein Zucken ihrer linken Augenbraue, eigenartig, zwingend wie ein Appell, mich meine Augen abwenden ließ … Miss Flossie lächelte mich dann lebhafter an, während ein rothaariges, dünnes Kind, das in ihrem Schatten hockte, mich mit unerklärlich haßerfüllten Augen musterte …«

War ich wirklich diese begierige und verschwenderische »Flossie«? Ich weiß nicht, aber da ich mir schon wahrer Werte und dauerhafter Freundschaft bewußt war, habe ich Colette niemals lange aus den Augen verloren. Auch kommen mir viele gemeinsame Erlebnisse in Erinnerung. Wie sie auswählen? Ich schreibe sie aufs Geratewohl auf.
Zu Beginn unseres Jahrhunderts, als ich Colette zum ersten Mal sah, war sie schon nicht mehr die zarte Jugendliche mit langen Zöpfen, die in einer Hängematte lag, wie sie uns eine Fotographie zeigt, sondern eine junge Frau, die fest auf zwei kräftigen Beinen stand und deren Rücken in ein gerundetes Gesäß überging; ihr Benehmen war so frei wie ihre Sprache, aber es war ein katzenhaftes Schweigen in

Colette

ihrem rätselvollen dreieckigen Gesicht und in diesen schönen, blaugrünen, mandelförmigen Augen, die verführerisch blicken konnten, ohne sich darum bemühen zu müssen.

Ihre liebsten Begleiter: ein Hund und eine Katze – wie jeder weiß – waren ohne Zweifel aufgrund ihrer ungewöhnlichen Ähnlichkeit mit ihrer Herrin ausgewählt worden. War ihr Wesen nicht eine Mischung aus diesen beiden tierischen Naturen? Einem Herrn gehorsam und ergeben, aber heimlich von jener instinktiven Wildheit, die jeder Zähmung widersteht.

Sie führte ihre Tiere im Bois de Boulogne spazieren und trug Knopfstiefel für lange Märsche, die über jenen *sentier de la vertu*, auch Pfad der Tugend genannt, hinausführten, wo die »wenig tugendhaften« Fräulein nur aus ihren Wagen stiegen, einige Schritte machten – was sie lächerlicherweise *footing* nannten – und ihr Parfüm mit dem Duft der Akazien mischten, die ihnen in kleinen Blütenschauern zu Füßen fielen, wo sie von Schuhen mit hohen Absätzen zertreten wurden. Liane de Pougy, die dort unter ihren Rivalinnen promenierte, faszinierte mich durch ihre androgyne schlanke Gestalt, die sie von jenen unterschied, die ihre Körperfülle ausstellten wie ein unwiderstehliches Attribut der Weiblichkeit.

»Zur Zeit der Equipagen« hatte man Muße, lange Blicke zu tauschen und andeutungsweise zu lächeln, während man vom Taubenschießen zum Wasserfall fuhr: wieder und wieder an den Kurtisanen, Schauspielerinnen, Damen von Welt und Halbweltdamen *à la mode* vorbei, aber keine hatte einen so schönen Blick wie Colette.

Ich hatte die Willys bei der Comtesse Armande de Chabannes kennengelernt, und sie luden mich zu sich in die Rue de Courcelles ein. In ihrer Wohnung verwunderte mich vor allem ein kleiner Gymnastikraum, denn bei uns, in den Vereinigten Staaten, läuft man an der frischen Luft, reitet, spielt Tennis, rudert auf der Franchmans Bay in Bar Harbor, ohne sich vorstellen zu können, daß diese Aktivitäten ein Gegenstand methodischen Trainings sein könnten. Colette arbeitete regelmäßig am Reck, am Trapez, an den Ringen – vielleicht im Hinblick auf ein zukünftiges Varietéstück. Aber jenes andere Arbeitszimmer, in dem diese Schülerin unter der Fuchtel von Willy lernte, Romane zu schreiben, blieb unsichtbar. Es war zweifellos ihr eheliches Schlafzimmer, das beide Aufgaben erfüllte.

DIE BEIDEN EHELEUTE, die sich nicht den Luxus eines Privatlebens leisteten, zeigten sich überall gemeinsam, und da er die Kunst der Reklame als die sicherste Hilfe im Metier des Schriftstellers einschätzte, karikierte Willy bald darauf das Bild, indem er ihnen als Paar Mademoiselle Polaire hinzugesellte. Er drängte nicht nur Colette, sondern auch Polaire, sich die Haare schneiden zu lassen, und außerdem vor allen gemeinsam als *Claudine à l'école* gekleidet zu erscheinen, um diese schulmädchenhaften Leidenschaften besser zu illustrieren, eine Leidenschaft, die weder Colette noch Polaire füreinander empfanden.
Daß dieser geistreiche Mann, der auch ein kluger Gelehrter und einer der zu dieser Zeit meist geschätzten Musikkritiker sein konnte, sich dieser Rolle unterworfen und sie genossen hat, ist um so erstaunlicher, da man in jener Zeit noch fürchtete, sich durch einen Skandal zu kompromittie-

ren. Es bedurfte also eines gewissen Mutes, ihn auf diese Weise zu provozieren und noch Gewinn daraus zu ziehen, denn sich wissentlich einen schlechten Ruf zuzulegen ist nicht jedermanns Sache, nicht einmal heutzutage.

Ein anderer Charakterzug dieses Reklamemeisters enthüllte sich mir durch die Wachsamkeit, mit der er, trotz seiner Gutmütigkeit oder falschen Gutmütigkeit, das Kommen und Gehen seiner Gattin verfolgte, die er weniger aus Liebe kontrollierte, als um nichts an Außenstehende zu verlieren, was dem Vergnügen oder dem Wohl dieses merkwürdigen Haushaltes zu dritt hätte nützen können.

Willy hatte die Freundlichkeit, mir Colette ohne Polaire auszuleihen, um eine pastorale Szene zu spielen, die sie folgendermaßen beschrieb:

> »An einem schönen Nachmittag, auf einem Rasen von Neuilly, im Garten von Miss Natalie C.-B., spielte ich den *Dialogue au soleil couchant* von Pierre Louÿs. Die andere improvisierende Schauspielerin hieß Eva Palmer, eine wunderbar rothaarige Amerikanerin mit Haaren bis zu den Füßen. Ich hatte nur bei meiner älteren Halbschwester eine solche Haarfülle gesehen, wie sie auf dem Kopf von Eva lastete. Für unseren *Dialogue* hatte sie ihren außergewöhnlichen Haarschmuck zu Zöpfen gedreht und eine nahezu griechisch anmutende, blaugrüne Tunika angezogen, während ich mich als perfekter Daphnis fühlte, da ich ein ziemlich kurzes, terrakottafarbenes Crêpe de Chine, römische Kothurnen und eine an Tahiti angelehnte Krone trug.
>
> Eva Palmer, ganz blaß, stotterte ihre Rolle. Wegen des Lampenfiebers wirkten die rollenden R's meines burgun-

dischen Dialektes wie Russisch. Pierre Louÿs, der eingeladen war, hörte zu. Vielleicht hörte er auch nicht zu, denn wir waren besser anzusehen als anzuhören. Aber wir glaubten, daß Paris unter seinen Sonnenschirmen, unter seinen Hüten, die dieses Jahr ganz groß in Mode waren, nur an uns dachte … Mutig fragte ich hinterher Louÿs, ob ›dies nicht allzu schlecht gelaufen wäre‹.
– Ich habe gerade eine der stärksten Empfindungen meines Lebens gehabt, sagte er ernsthaft.
– Oh, lieber Louÿs!
– Ich versichere es Ihnen. Der unvergeßliche Eindruck, mich von Mark Twain und Tolstoi interpretiert zu hören.
Eva Palmer errötete unter ihrer roten Krone aus mehrfach geflochtenen Zöpfen, und Pierre Louÿs fügte noch einige besänftigende Worte hinzu und schloß sich dem gutmütigen Lob von Natalie Barney und ihren Freunden an. Aber plötzlich hörten alle auf, ihre Aufmerksamkeit der Schäferin aus Boston und dem Hirten aus Moskau zu widmen, denn eine nackte Frau auf einem weißen, mit Türkisen gezäumten Pferd hatte ihren Auftritt aus den grünen Kulissen der Natur, eine Tänzerin, deren neuer Name bereits einer Reihe von Cliquen, Ateliers und Salons bekannt war: Mata Hari.
Unter der Mai-Sonne in Neuilly, trotz der Türkise, der schwarzen offenen Haare und des Diadems aus Talmi und vor allem trotz des langen Schenkels auf der Flanke des weißen Araberhengstes, überraschte sie durch die Farbe ihrer Haut, die nicht herrlich braun wie bei Lampenlicht war, sondern von einem falschen und ungleichmäßigen Violett-Ton. Als die Pferde-Darbietung zu Ende war, stieg sie ab und hüllte sich in einen Sari. Sie grüßte, sprach,

> enttäuschte ein wenig ... Das war noch schlimmer, als Miss Barney sie als Privatperson zu einer zweiten Gartenparty einlud.«

Im letztgenannten Fall handelte es sich eher um eine geschlossene Gesellschaft. Bei diesem Anlaß bekam ich ein schmerzliches Beispiel von dem Druck, den Willy auf Colette ausübte: Als ich bei ihnen ankam, um Colette allein zu dieser Feier einzuladen, die ich in Eile bei mir in Neuilly improvisierte und für die mir Mata Hari vorgeschlagen hatte, eine weitere Vorstellung ihrer javanischen Tänze zu geben, aber ganz unbekleidet und nur vor einer Gruppe von Frauen, wollte Willy, übelgelaunt, da er auf diese Weise ausgeschlossen war, sein Einverständnis nur unter heiklen Bedingungen geben. Und Colette gestand mir auf dem Weg: »Ich schäme mich, daß du meine Fesseln so deutlich gesehen hast.«

Diese Fessel diente aber vor allem dazu, ihre schriftstellerischen Gaben zu disziplinieren, und Willy, dieser faule und verkommene Gebildete, entpuppte sich als besserer Schulmeister in der Kunst des Schreibens als der Liebe.

Da ich zu dieser Zeit in die Vereinigten Staaten zu meiner Familie zurückgerufen wurde, weiß ich nicht genau, wann und wie Colette sich endgültig von ihrem Betreuer Willy löste, um nach ihrem Gusto und unter ihrem eigenen Namen zu leben, zu lieben und zu schreiben.

Hätte sich Colette unter anderen Umständen scheiden lassen? Ich glaube es nicht, denn verheiratet zu sein und mit einem Menschen ihrer Wahl zusammenzuleben, entsprach ihrem Temperament mehr, als ihre Freiheit wiederzuerlangen und sich oft fragen zu müssen: »Was daraus machen?«

Wird dies nicht alles in ihren Büchern *Mes apprentissages* und *La Retraite sentimentale* deutlich?
Gespalten zwischen den Wünschen ihrer beiden gegensätzlichen Naturen: einen Herrn zu haben und keinen zu haben, wählte sie immer die erste Lösung, denn Colette, die in sich selbst so reich war, ertrug die Einsamkeit schlecht.

WENN ICH DARF, möchte ich ein persönliches Geständnis in diese Erinnerungen einbringen: Allein und mein eigener Herr zu sein, ist mir unabdingbar, weder aus Egoismus, noch in Ermangelung von Liebe, sondern um mich besser hingeben zu können. Die leidenschaftliche Intimität im Alltäglichen zu ertränken, indem man im gleichen Haus und oftmals im gleichen Zimmer mit dem geliebten Wesen lebt, erschien mir immer als das sicherste Mittel, es zu verlieren.
Im übrigen, hat das fürchterliche Wort »Verbindung« nicht etwas von einer Warnung? So »miteinander verbunden« zu sein, daß man sich nicht einmal mehr sieht, ist dies das erstrebenswerte Ziel einer Beziehung?
Und gibt es nicht einen goldenen Mittelweg zwischen den beiden Extremen des Liedes:

> Du bist die, die man haben will
> Zwischen zwei Morgenden und zwei Abenden
> Wenn nicht fürs Leben.

Welches Feingefühl muß man im letzteren Fall entwickeln, um sich erneuern zu können und doch das »fürs Leben« ausgewählte Wesen zu halten?
Da sie, ihrem Tigerkatzen-Instinkt entsprechend, ihre Ehe-

männer entweder zu sehr lieben oder zu sehr hassen mußte, riskierte Colette, sie durch ihren Besitzanspruch zu ersticken. Als sie sich, auf Grund ihrer Untreue oder ihres Despotismus, von ihren beiden Ehemännern trennen mußte, ließ sich Colette dazu hinreißen, sie in dem Maße, in dem sie sie geliebt hatte, nun zu hassen. Das Beutetier und Opfer verwandelte sich in eine Gottesanbeterin und machte ihnen den Garaus. Gehört eine so geartete Liebe nicht eher ins Tierreich?

Da ich aus solcher Erfahrung und aus meinen eigenen Ansprüchen lerne, glaube ich – wenn ich dieses Geständnis fortsetzen darf – folgende Lösung für das Problem zu haben, die aber nicht den natürlichen und finanziellen Möglichkeiten aller Liebespaare entspricht: Zwei Wohnstätten, durch einen gemeinsamen Garten verbunden, und – Grundbedingung – mit zwei Ausgängen.

Begeistert von dieser Idee, hatte ich in Neuilly, direkt gegenüber der Ile de Puteaux, ein bewaldetes Anwesen mit Brunnen und Nebengebäuden entdeckt und auf der Stelle gemietet, und ließ mich dort nieder, um den Pavillon meist allein zu bewohnen. Das Etagen-Häuschen aber ließ ich meinen Freundinnen, die in Paris wohnten oder auf der Durchreise waren. Und so habe ich am besten gelebt.

In dieser Unterkunft hat mich Colette häufig besucht, die mit einer Gruppe von Künstlern befreundet war, von denen man Sacha Guitry und Marguerite Moréno nennen muß (deren treue Freundin sie blieb). Und da ich gerade ein Stück nach den Fragmenten von Sappho beendet hatte, wirkte diese Gruppe mit, wie auch die griechische Frau von Raymond Duncan, »Pénélope«, die sich mit ihrer Flöte, auf der sie ionische Melodien spielte, aus Athen ausgeschifft hatte. Dies alles (und trotz der Lorgnette von Lysès, die auf ihrem altgriechischen Gewand hing und von der sie sich nicht trennen wollte) schuf eine Atmosphäre, dank derer meine beiden Akte in Versform lebhafte Zustimmung fanden, selbst bei den Gästen, die der klassischen Poesie vollkommen ablehnend gegenüberstanden – darunter Colette selbst, die uneingestandenermaßen nur die freie Poesie duldete, die aus der Prosa entstanden ist, diese Poesie, die in ihren Büchern so kunstvoll und natürlich vibriert.

> »Es gibt keine grausamere Heiterkeit als deine, Amazone. Es ist nicht deine beharrliche und junge ›Bissigkeit‹, die mich entzückt, es ist deine Heiterkeit, die auf uns herabfällt.
> Gerade genug Liebe. Gerade genug Liebesverachtung. Um so schlimmer für die, die nicht über die Freundschaft aufgeklärt sind, aber du und ich, wir sind es.
> Du hast keine Vorstellung, wie der Begriff ›Gedanken‹ mich immer ängstlich machte. Ich hätte es niemals gewagt, mich ›in Gedanken‹ auszudrücken. Dazu denke ich nicht genug. Ein Gedanke ohne Gewand ist ein schöner schriftstellerischer Stoff!«

Soviel ich weiß, genossen nur zwei Dichterinnen die Anerkennung von Colette: ihre Freundin Hélène Picard und, erst seit kurzem, Lucienne Desnoues, »weil sie die Bäume so sehr liebt« und ihr Gedicht über das Leid der Ulmen eine sensible Ader in Colette weckte. Sie bat mich um die Zusendung von *Le Jardin délivré*, einem kleinen Band, der 1952 meinen Renée-Vivien-Preis erhielt.

Aber standen ihr die Dichtung von Renée Vivien und Renée Vivien selbst nahe? Nicht, wenn man sich auf *Ces plaisirs* bezieht, dieses Buch, in dem Colette sie verständnis- und rücksichtslos aburteilt.

Gewiß, Colette liebte diese Art der Poesie nicht, obwohl sie einverstanden war – dieses Mal in meinem Wäldchen – *Le Faune* darzustellen, ein Gedicht, das Renée Vivien ihr gewidmet hatte. Naturverbundenere Schriftstellerinnen, wie Lucie Delarue-Mardrus, hätten ihr gefallen müssen, und trotzdem mochten sich diese Frau aus der Normandie und jene aus dem Burgund, ungeachtet einer leichten Freundschaft, kaum. Madame Mardrus beklagte sich zurecht, »zwischen die Romane von Colette und die Gedichte von Anna de Noailles wie zwischen zwei Sandwich-Hälften gequetscht zu werden.« Und es muß für Colette hart gewesen sein, eine – falsche – Lobrede für Anna de Noailles zu halten, als sie in der Académie de Belgique an ihre Stelle trat. Ruhm bringt solche Zwänge mit sich!

Was die sprühende und unerschöpfliche Poesie von Germaine Beaumont betrifft, die ihre glühende Schülerin und große Freundin war und bleibt, frage ich mich, ob sie von Colette in ihrer Bedeutung richtig eingeschätzt wurde.

In jedem Fall hat niemand sie mehr geliebt, ihr mehr gedient und sie mehr gefeiert als diese Romanschriftstellerin, diese Dichterin, und dies von der ersten bis zur letzten Stunde.

ABER BEGLEITEN WIR Colette in jenen Zeiten, als sie zum Varieté zurückkehren mußte. Sie trat damals in weniger provozierenden und (durch ihren Partner und Lehrer Georges Wague) besser vorbereiteten Darbietungen auf. Und dieses Mal gelang es ihr, dem Publikum nicht zu mißfallen.

In diesen Jahren der Rastlosigkeit spielte Colette wieder bei mir, in meinem Salon in der Rue Jacob in Paris, doch nicht als Mimin, sondern als Komödiantin. Colette, die für ein Wiedersehen mit diesem alten Garten prädestiniert war, beschreibt ihn in *Trois, six, neuf* folgendermaßen:

> »Die meisten Häuser, die an der Rue Jacob zwischen der Rue Bonaparte und der Rue de Seine stehen, stammen aus dem achtzehnten Jahrhundert. In der Rue Jacob bestand die einzige Gefahr, in die ich hätte geraten können, im Reiz der Dunkelheit, den kurzen Augenblicken frischer Luft, einiger Böen frühsommerlicher Hagelschauer, dem leichten Duft von unsichtbarem Flieder aus dem benachbarten Garten.
> Von diesem Garten konnte ich, wenn ich mich sehr weit aus dem Fenster lehnte, nur die Spitze eines Baumes erkennen. Ich wußte nicht, daß dieser Schlupfwinkel bewegter Blätter der bevorzugte Aufenthalt von Remy de Gourmont und der Garten seiner ›Amazone‹ war. Viel später durchschritt ich die Hecken dieses Gartens, besichtigte ich den Tempel, den Adrienne Lecouvreur ›der Freundschaft‹ errichtet hatte. Vor den Sonnenstrahlen geschützt, will dieser Garten, auch heute noch, nur Friedhofs-Efeu, alte und schlanke Bäume und diese wässrigen Pflanzen ernähren, die kranzförmig im Inneren von Brunnen wachsen.«

Es war in meinem Salon, zwischen Hof und Garten, wo sie mir die Anfänge ihres Stückes zeigte: *La Vagabonde*, später im Theater mit Paul Poiret aufgeführt, der bei dieser einzigen Tournee das Rampenlicht über sich ergehen ließ. Waren Poiret und Colette in ihrem anderen Metier zu

schöpferisch, um auch in jenem des Schauspielers und der Schauspielerin erfolgreich zu sein? Ich weiß es nicht, aber Colette tat sich darin nicht besonders hervor, selbst als sie die Rolle der Léa in ihrem *Chéri* spielte.
Wer hatte die Möglichkeit, Colette aufzuhalten, die nach vorne stieß wie Atalante (aber auf einem falschen Weg), wenn nicht ein anderer gut trainierter Läufer, auf den sie dort traf und der schon eine Vielzahl leichter Siege errungen hatte? In ihrem Roman *L'Entrave* hat Colette von der unwiderstehlichen Anziehung erzählt, durch die sich, in einem Hindernislauf zu viert, die Partner unterwegs wiederfanden, doch untereinander vertauscht.
Erkannte Colette, die schöne Spielerin, daß das große Spiel, auf das sie sich einließ, zu ernst für diesen Galan war, der ihr später liebenswürdigerweise die Hochzeit anbot? Nicht ohne Besorgnis sah ich, wie Colette sich nach der Heirat mit Henry de Jouvenel verliebt und tapfer in einen wirklichen Hausstand einrichtete – mit diesem schönen Mann, einem Baby, einer Amme, Personal etc. Trotz vieler gemeinsamer Vorlieben, darunter Tisch und Bett, trotz der Interessen, die die beiden in ihrer gemeinsamen Beschäftigung bei der Zeitung *Le Matin* verbanden, deutete für mich wenig darauf hin, daß diese Verbindung, obwohl sie glücklich schien, von Dauer sein könnte.
Es muß wohl einige vollkommen glückliche Ehen geben, aber warum sind es niemals die, die man kennt? Im übrigen, wie konnte man diesen großen Braunhaarigen im besten Alter, intelligent und eitel, der den Frauen so gefiel – welche ihm so gefielen –, wie konnte man ihn an eine einzige binden, und sei diese auch Colette – eine Colette zumal, die ihm nicht nur ihre uneingeschränkte Liebe

anbot, sondern die Originalität ihres Geistes und eine völlig neue Umgebung?
Es war in ihrem Büro beim *Matin*, wo ich einer der ersten Auseinandersetzungen dieser ehelichen Gemeinschaft beiwohnte, in der sich Colette, trotz ihrer instinktiven Wachsamkeit, vollkommen dem Glück hingegeben hatte.
An diesem Abend saß Colette, nachdem sie ihre journalistische Arbeit erledigt hatte, noch an ihrem Tisch, und wir sprachen vertraulich miteinander, als »Henry« eintrat, offensichtlich ziemlich gut gelaunt, und nachdem er mich freundschaftlich begrüßt hatte, sich in ungezwungenem und selbstgefälligem Ton an Colette wandte: »Ich bitte dich, mich heute abend nicht zum Essen zu erwarten.« – »Aber du kommst kurz danach?« fragte ihn Colette fassungslos. Darauf antwortete Jouvenel, der hinter Colettes Stuhl stand und mich ansah – denn es schien mir, daß er nicht böse darüber war, bei dieser ersten Unabhängigkeitserklärung einen Zeugen zu haben: »Nein, ich fürchte, es wird spät. Warte auf keinen Fall auf mich.« Der Schlag war gut geführt, und Jouvenel, zufrieden damit, vorzeigen zu können, wie sehr man an ihm hing, fuhr angesichts des bestürzten Schweigens von Colette fort, sich an dem Leid dieses Menschen zu ergötzen, der ihm in allen Bereichen überlegen war – vor allem in der Liebe.
Was war natürlicher, als daß Jouvenel sich während dieser Treueprüfung zu langweilen begann, da er – nicht nur in seiner männlichen Eitelkeit, sondern auch mit seiner verzehrenden Sinnlichkeit – sich um einen Wechsel des weiblichen Regimes gebracht sah? Aber Colette, eigenwillig und beharrlich, verstand dies nicht so; nachdem sie mehrfach solcherart von ihm vernachlässigt worden war, ließ ihre

Rache nicht lange auf sich warten. Mehr in seiner Eigenliebe als in seiner Liebe verletzt, flüchtete sich Henry de Jouvenel zu seiner Mutter, wo er darauf wartete, daß die Scheidung ausgesprochen wurde.

Trotz ihrer beherzten Kühnheit brauchte Colette lange, um sich wiederzufinden. Um ihren untreuen Ehemann mehr hassen zu können, verband sie sich freundschaftlich mit einer Ex-Rivalin. Dieser Charakterzug inspirierte ihr Buch *La Seconde*, aus dem man unlängst ein Theaterstück gemacht hat.

Die zunehmende Ähnlichkeit ihrer Tochter mit dem verhaßten Gatten hat die Mutterliebe Colettes vielleicht auf eine Probe gestellt. Dennoch erzog sie ihre Tochter sehr sorgsam, und, ebenso wie ihre Mutter Sido sie selbst erzogen hatte, mit Scharfsichtigkeit, aber ohne allzuviel Eifer, denn mußte man nicht diesem Kind, das wachsen zu sehen sie amüsierte, die Möglichkeit geben, sich seinem Charakter gemäß zu entwickeln?

Nachdem Colette ihre Aufgabe erfüllt hatte, antwortete sie wieder dem Ruf der Natur, so wie die Katze »Nonoche«.

Inzwischen verirrte sich ihre Tochter »Belgazou«, kaum volljährig, in eine Ehe, die nur eine Trennung von Tisch und Bett, gefolgt von einer Scheidung zum Epilog haben konnte. Befreit von dieser ersten Erfahrung, deren einziges Ergebnis war, ihr für jede weitere Ehe den Mut zu nehmen, und nachdem sie unter der Sonne von Saint-Tropez »etwas Farbe bekommen« hatte, zog Belgazou dank des Widerspiels ihres hübschen gebräunten Gesichts mit ihren platinblonden Haaren die Aufmerksamkeit und Bewunderung des Malers Kisling auf sich, der sie porträtierte.

Was für eine Überraschung war es für mich, als ich eines

Abends auf dem Quai von Saint-Tropez promenierte und eine Belgazou traf, die ich kaum wiedererkannte, da sie vulgär-rosafarbene und veilchen-blaue Schminke trug, die auf ihren hübschen Backen mit den hohen Wangenknochen und den jungen Lidern schlecht verteilt war. Diese Schminke ließ sie eher wie ein Straßenmädchen als wie das junge, ein wenig wilde Mädchen aussehen, das sie war. Ich erfuhr, daß dieser Verschönerungsversuch den mütterlichen Händen Colettes zu verdanken war – die in ihrem neuen Beruf als Kosmetikerin, den sie in einem kleinen Schönheitssalon ausübte, der von ihrem besten Freund Maurice Goudeket geleitet wurde, noch nicht genug Erfahrung gesammelt hatte.

Cécile Sorel, die dem Unternehmen helfen wollte, gab sich für eine Probe her, aber Colette änderte von einem Auge zum anderen die Methode, und es ergab sich so eine Asymmetrie, die das Alter dieser großen Schauspielerin verdoppelte und andere Freiwillige entmutigte.

Colette aber blieb stur und sagte, nach einigen neuen Versuchen an unschuldigeren Opfern, die sie unter ihren Nächsten fand, zu, in einem großen Pariser Geschäft eine Schmink-Demonstration zu veranstalten. Da diese Vorführung keine ermutigenden Resultate zeigte, gab sie diesen Beruf auf, für den sie mehr Beharrlichkeit als Talent gezeigt hatte, und nahm in ihrer Villa La Treille Muscate wieder ihre schriftstellerische Arbeit auf. In dieser Zeit schrieb sie die schönsten Seiten von *La Naissance du Jour*.

Maurice Goudeket, der in ihrem Leben damals einen festen Platz einnahm, war kein Opfer zu groß für sie, weshalb er später verdiente, der »beste ihrer drei Ehemänner« genannt zu werden. In der Tat und ohne Unterlaß entsprach

Maurice ihren kleinsten Wünschen und überhäufte sie mit einer unerschütterlichen Hingabe. Mir wurde diese geduldige Hingabe an einem Abend bewußt, als wir mit einigen Nachbarn zusammen aßen und die Hündin Toby neben uns saß.

Ungeachtet der Ablenkung durch ihre Gäste bemerkte Colette, die immer auf ihre Tiere achtete, bei ihrem kleinen schwarzen Knäuel den Beginn einer Unpäßlichkeit und vermittelte ihre Besorgnis durch jene Gedankenübertragung, die es in guten Beziehungen gibt, Maurice, der sofort zu ihrem Auto ging, eine große Decke holte, die Hündin darin einwickelte und wegtrug. Da diese in dem von Colette vermuteten Zustand war, ließ sie es mit sich geschehen, aber nicht ohne über die Schulter von Maurice ihrer Herrin den Blick einer untröstlichen Sklavin zuzuwerfen.

Colette, die vorher bereits oft weniger zutrauliche Haustiere gehabt hatte, zum Beispiel ihr Eichhörnchen und ihre Katzen, zog ihnen letztlich diese Hündin vor, die ihr in Anbetung und absoluter Unterwürfigkeit zugetan war.

Colette wurde sich der ihrer Person beigemessenen Bedeutung und ihres wachsenden Einflusses auf ihre Umgebung bewußt. Mit ihrer fröhlichen Autorität führte sie, sozusagen als Gruppenleiter, eine ganze Freundesclique an. Und ihre Naschhaftigkeit, wohlbekannt und gebilligt, zeigte sich überall: Ich sehe Colette noch, wie sie, in einer Ladenstube voller Fässer mit Olivenöl, eines entdeckte, und, um zu probieren, ob es nach ihrem Geschmack war, ihren Finger hineintauchte und davon kostete.

Ich sehe sie auch noch, wie sie bei beständig schönem Wetter an der Mittelmeerküste stand und ausrief: »Wie solide das Blau scheint, als ob man darauf bauen könnte!«

Ich sehe sie auch noch eines Nachts auf unserer Terrasse in Beauvallon – es war Neumond, und wir bewunderten seine Schlankheit und Durchsichtigkeit. Einer von uns hatte sich zu übertriebenen Begeisterungsausbrüchen hinreißen lassen und wurde von Colette direkt wieder zur Vernunft gebracht: »Nun, dieser Mond sieht einem Stück Fingernagel ähnlich.« Dann, als wir begeistert den Duft einer Gardenie einsogen: »Ja, und die riecht wie ein Champignon.«
Zufrieden und mit der Wirklichkeit der Dinge versöhnt, befreit von täuschenden Illusionen, erlaubte sie sich, natürlich und vollkommen glücklich zu sein. Ich sehe sie noch während dieser Sommer in Saint-Tropez, in ihrem aprikotfarbenen Haus mit den Terrassen, die dazu einluden, die ganze Nacht unter sternenklarem Himmel zu verbringen. Mit seinem Garten längs der Straße, die zum Strand bei der großen Saline führte, lag das Haus in einem solchen Wirrwarr von Blumen und Gemüse versteckt, daß man kaum den Eingang sehen konnte; die Rückseite ging zu einem Bach hinaus, wo man ungestört baden konnte.

EINES TAGES, als sie mich eingeladen hatte, mit ihr schwimmen zu gehen, warf ich ihr vor, sich im Kreis zu drehen, ohne vorwärts zu kommen. »Aber wohin soll ich gehen?« rief sie aus. Ihr Herz und ihre Sinne wußte sie von Maurice zufriedengestellt, und ihre »Pauline« enthob sie jeglicher Sorge um den Haushalt – so konnte sie sich mit ganzem Elan ihrem Werk widmen. Zu ihrer Entspannung trug weiterhin bei, daß sie von sympathischen Nachbarn umgeben war, die sie bewunderten. Ihre Tochter vergnügte sich nicht weit von ihr mit Gleichaltrigen, und alte Freunde, die sie dort, an einem festen Platz wußten, kamen vorbei, um ihr zu huldigen und kleine Opfergaben vorbeizubringen, wie man sie Gottheiten darbringt.

In der Freiheit von Saint-Tropez amüsierte Colette sich, nachdem sie einige überflüssige schöne Stellen aus ihrem gerade beendeten Roman *Duo* gestrichen hatte. Géraldy schlug ihr vor, daraus ein Theaterstück zu machen. Sie mußte sich von ihm gesagt sein lassen, daß man, um es theatergerecht aufzubereiten, einen dritten Akt erfinden und die dritte Figur aus dem Schatten hervorholen müsse. Sie schnitt ihm das Wort ab: »Ich habe meine Arbeit gemacht, mach du deine.« Er machte sie tatsächlich und brauchte dafür fast zwei Jahre, denn danach mußten das Milieu und die Figuren übertragen werden … Als er schließlich mit seinem fertigen Manuskript nach La Treille Muscate kam, empfing ihn Colette: »Tritt näher, damit ich mit dir streiten kann.« Zuerst war sie widerspenstig, ja störrisch, aber schließlich gefielen ihr die Änderungen.

»Nur wo es im Sinne größerer Treue geboten war, war ich unnachgiebig und habe geändert«, erklärte Géraldy. Als sie das Stück zu Ende gelesen hatte, sagte Colette, während sie ihn umarmte: »Es macht Spaß, mit dir zu arbeiten.« Das Ergebnis dieser Zusammenarbeit, *Duo*, wurde in drei Theatern gespielt und wird noch heute, nach zwanzig Jahren, auf dem Aushang des Théâtre Français angekündigt. Den Erfolg, den diese Novelle auf der Bühne haben würde, sagte Géraldy Colette seit der Veröffentlichung von Gigi voraus. Dieses Mal noch war er ein guter Prophet.

Lieber und bezaubernder Géraldy, aufmerksamster aller Freunde! Sein Eifer, seinen Kollegen von Nutzen zu sein, ist unvergleichlich, wie aber nutzen sie es meiner Ansicht nach aus. Er nimmt die charakterlichen Schwächen von Männern mit weniger Nachsicht hin als die rührenderen Schwächen von Frauen, die er wie kleine Schönheiten voller Überraschungen behandelt und die ihm die mysteriösen Neigungen des ewig Weiblichen offenbaren. Dies veranlaßte mich, ihm zu gestehen: »Géraldy, Sie sind zu fein, zu nuanciert für die Liebe einer Frau, für diesen so harten Kampf.« All dies machte aus diesen Jahren die wohltuendsten ihres Lebens. Nach harten Lehrjahren, von denen noch diese bittere Falte zeugte, die ihr Lächeln so fein abrundete, hielt Colette ihr Leben in den eigenen starken Händen, und der volle Erfolg einer Berufung brachte ihr, obwohl sie ihr auch soviel Leid bereitete, Bewunderung, Liebe, Freundschaft, Wohlbefinden und Ruhm.

Aber das Schicksal läßt keine allzu langen Glückssträhnen zu: Allzu selbstsicher ausschreitend, geriet sie eines Abends im Halbdunkel in eine Wagenspur, die die schweren Lastwagen während der Weinlese hinterlassen hatten. Die Folge war eine Verstauchung und Verschiebung der Hüfte, wo sich nach und nach eine Arthritis festsetzte und mit ihr das Leiden.

DER KRIEG 1939 bescherte ihr ein Übermaß an Prüfungen. Zu dieser allergrößten Katastrophe mit ihren Begleiterscheinungen, Gefahren und Einschränkungen jeder Art kam die Verhaftung von Maurice, der jüdischer Herkunft war: Alles mußte in Bewegung gesetzt werden, um ihn zu retten. Es gelang ihr mit Hilfe ihrer mächtigen französischen und ausländischen Beziehungen. Aber diese Furcht zermürbte sie so, daß, wenn sie überraschend in einen

Spiegel sah, sie sich in dieser aufgelösten Gestalt, die er ihr zurückwarf, nicht wiedererkennen konnte.
Nichts läßt so sehr altern wie solche Sorgen, doch aus den Prüfungen der beiden Kriege gingen wir alle mehr oder weniger geschlagen hervor. Hier zwei Briefe, die Colette mir kurz nach Kriegsende schrieb:

5. Dezember 1946

Oh Ernährerin! Alles, was du mir schickst, ist mir so vielfach nützlich und angenehm! Eine Sorge, eine einzige bewegt mich: beraubst du nicht für mich einen anderen, einige andere? Heute morgen hättest du in mir die alte Katze wiedererkannt, berauscht nicht nur vom Inhalt, sondern auch vom Behälter; übrigens ist es schon lange her, daß ich beschlossen habe, Englisch nur von den »Gebrauchsanweisungen« zu lernen, die auf den Packungen stehen. Doppelte Freude, ich las in den Morgenzeitungen: »Die amerikanischen Lieferungen sind eingestellt«.
Aber komme mich besuchen. Meine Tür und meine Arme stehen dir jederzeit offen. Dein ruhiges Gesicht! Habe ich es jemals mehr geliebt? Ich erwarte dich. Wenn Pauline eifrig meine Ruhe hüten will (die sie mehr als jemand sonst stört), höre nicht auf sie und komme vorbei. Ich umarme dich zärtlich. Maurice liegt dir zu Füßen.
Colette

18. Januar 1950

Meine Liebe,
Berthe hatte die Güte, mir zwischen drei Fotos von dir die Wahl zu lassen. Ich habe das mit dem Zweispanner genommen, wo du zwei kleine goldene Büschel auf jeder Seite deines Melonen-Hutes hast. Zwei Pferde für eine einzelne Amazone! Welch merkwürdige Sitten!
Ich würde gerne wissen, ob das schöne Wetter dich begleitet. Ich wünschte mir auch, daß ein unerhoffter Zufall mir einmal erlaubte, einige Zeit Urlaub in dem gleichen Land wie du zu machen. Ich bin ins Alltägliche verstrickt, so wortkarg und unbeweglich, daß du kaum meine Anwesenheit bemerken würdest. Maurice ist, so glaube ich, die Perle, das Juwel der Nachbarn hier auf dem Land. Anwesend und abwesend, gerade wie man es wünscht. Er ist ein Mann, den ich bereits vor zwanzig Jahren hätte wählen sollen … nun, damals hätten wir Anstoß erregt – vielleicht.
Schreib mir noch, wenn du kannst. Ist Lily immer noch in Sorge wegen der gleichen Person? Grüße sie und Romaine ganz herzlich …

Meine Antwort:

Hotel Bristol 1. Februar 1950
Beaulieu-sur-Mer

Meine liebe Colette,
das schöne Wetter begleitet mich nicht mehr …
Ja, laß uns einen Zufluchtsort für unsere Ferien suchen, wo ich dich lange und ohne Eile sehen kann: im Zeitlupentempo! Daß du beim Goncourt-Preis den Vorsitz

> führen kannst, befriedigt mich, zumindest wenn dich nicht jeder Schritt, wie der kleinen Meerjungfrau von Andersen, Schmerzen kostet – die nicht vom »geistigen Vergnügen« abhalten, wie du es mit einer Härte schreibst, von der dir weniger zu wünschen vergeblich wäre! …

Das reichte nicht, um Colette aufzuhalten, und sie stellte sich wieder ihrer Aufgabe mit ihrem Schreibzeug, auf ihrer Chaiselongue in ihrer Wohnung, die auf ihren Palais-Royal hinausging; dort schrieb sie: *Paris de ma fenêtre.*
Andere Bücher folgten diesem, aber sie hatten eine melancholische Note, wie die Herbstzeitlosen, die ihre mauvefarbene Trauer über das Ende des Sommers über die Wiesen legen.
Ihr *Fanal Bleu*, zu dem sich *Étoile Vesper* gesellte, taten sich durch ihre gedämpften und zuverlässigen Erkenntnisse von ihrem Fenster aus und dann in den Auslagen der Buchhändler hervor.
Und ich höre noch immer diese vertrauensvolle Stimme, mit der sie immer und immer wieder unaufhörlich »Maurice« rief – indem sie das R in seinem Namen rollte, um ihn zu verlängern, mit der Gewißheit, von ihrem besten Freund jedes Mal unterstützt oder aufgerüttelt zu werden – diese modulierte Stimme, die befehlend oder bittend wurde, wenn eine Entscheidung getroffen werden mußte oder wenn ein allzu langer Besuch sie so anstrengte, daß ihre Schmerzen wiederkamen.
Diese zeitweiligen Schmerzen hatte sie tapfer im Griff, sie wartete auf die Phasen, in denen sie abklangen, und verweigerte mit seltenem Mut die Beruhigungsmittel, die ihrer Vitalität und ihrer Arbeit hätten schädlich sein können.

Diese unheilbaren Schmerzen hätten Colette vielleicht letztendlich besiegt, hätte nicht der Tod ihnen ein Ende gesetzt und ein Leben beendet, das ihr schon alles gegeben hatte und ihr sogar diesen sanften Tod gab, der sie ereilte, ohne daß sie sein Kommen bemerkt hatte.
Aber da mir die kostbare und belebende Gewohnheit, Colette zu besuchen, genommen wurde, wodurch sollte ich sie ersetzen?
Ich bin weder Anhängerin des Beerdigungs- noch des Friedhofskults und empfinde diesen Versuch einer Annäherung an einen Körper, den die Seele verlassen hat, als vergeblich.

ES IST MIR IMMER indiskret erschienen, Schlafende zu beobachten, geschweige denn Tote zu betrachten. Während man an den Gräbern betet, glaubt man üblicherweise, daß die Toten tief im letzten Schlummer liegen, aus dem sie die Trompete des Jüngsten Gerichts erwecken wird.
Solange sie lebte, hatte Colette stoisch diese lange Prüfung ertragen und war ohne Unterlaß ihrer schriftstellerischen Aufgabe nachgekommen. So hatte sie sich nichts vorzuwerfen und muß, da sie weder die Sünde noch die Hölle und den Himmel der Gläubigen kannte, in Frieden ruhen, eins mit der Natur, die sie liebte und der sie so tatkräftig gefolgt war und gedient hatte – dieser Natur, die genauso grausam und schön wie eine Religion ist. Und wozu hätte sie ein Dogma und einen Beichtvater gebraucht, wo sie sich doch dem offenen Himmel gegenüber und in ihren Büchern bekannte und ohne zu klagen die harten Geißeln des Lebens ertrug? Denjenigen, die ihr vorwarfen, die Liebe

auf das Niveau der Sinnlichkeit herabgewürdigt zu haben, wäre zu entgegnen, daß sie im Gegenteil die Sinnlichkeit auf das Niveau der Liebe erhob, einer Liebe selbstredend ohne Mystizismus. Da Spiritualität nicht ihre Stärke war, beschränkte sich Colettes Talent auf ihre Sinne, die allerdings mit außergewöhnlichen Fühlern ausgestattet waren. Kritiker haben Colette einen »allzu eingeschränkten Blick« vorgeworfen. Aber kann man jemandem seine Kurzsichtigkeit vorwerfen, vor allem dann, wenn er sie wie ein natürliches Mikroskop zu schärfen und sich anzueignen versteht, so daß er mit ihr alles genauer und besser beobachtet als sonst irgend jemand? Im übrigen schärfen sich in einem solchen Fall wie zum Ausgleich auch die anderen Sinne. Während im Alter das normale Sehvermögen verschwimmt, geht dasjenige einer derart Kurzsichtigen in die Weite und schafft Atmosphäre.

Wenn die Zeit der Beschränkungen gekommen ist, verzichtet man zuerst auf den Horizont zugunsten einer Landschaft, auf eine Landschaft zugunsten eines Gartens; dann ans Haus, schließlich ans eigene Zimmer gefesselt, endet man im Rückzug aufs Bett – wo jeder Tag einem etwas Kraft und Mut nimmt.

Colette, die auf ihre Chaiselongue beschränkt war, konzentrierte sich und sammelte in sich minutiös, was sie gesehen hatte und was ihr geschehen war. Mit der Genauigkeit einer Gefangenen, die, auf ihre vier Wände beschränkt, alles das sich wieder zu erschaffen weiß, was unseren vereinten Sinnen entgeht, erinnerte sie sich.

Auf diese Weise hat sie sich auf das Wesentliche konzentriert, das sie uns in verdichteter Form in jedem ihrer Bücher in einem so persönlichen Stil anbietet, daß man sie beim Lesen vollkommen zu spüren meint. In meinen *Aventures de l'Esprit* (1929) habe ich geschrieben, daß »Colette liebt, was ist, und im Einklang mit der Erde lebt, dieser guten Scheibe. Doch zu sehr Lebefrau, um auf das Unendliche zu verzichten, erlaubt sie sich ab und zu einen Gedankenflug; ihr Flug führt sie aber selten über ihr Nest hinaus.«

Und was für Werke hat sie nicht in ihren immer wieder neuen Nestern ausgetüftelt? Werke, die uns wieder und wieder zu lesen bleiben, und dies mit größerer Aufmerksamkeit als zu ihren Lebzeiten. Als sie noch lebte, glaubte man, dafür immer noch Zeit zu haben. Und nun, zwischen all diesen Bürgschaften aus der Vergangenheit, wo sind die lichten Momente, die mir helfen würden, sie durch einen fahlen Himmel hindurch zu enthüllen – und zwar so ergreifend, als würde man eine vertraute Landschaft in einem Licht wie nie zuvor sehen? Darf man auf diese Enthüllung hoffen? In der Zwischenzeit rufe ich die Erinnerung an sie wach, wie ich jedes Mal, wenn ich sie besuchte, beim Näherkommen nur meine Augen halb zu schließen brauchte, um sie besser zu spüren. Den anderen Besucherinnen überließ ich es, sie zu umarmen, ich neigte mich über ihre Haare – diese duftigen und zarten Haare, die sie umgaben –, wie um ihren Gedanken näher zu sein. Und während ihre anderen Freundinnen ihre irdische Stimme reden hörten, glaubte ich all das zu hören, was sie nicht sagte. Wuchs ihr Werk nicht aus diesem Kopf wie Blüten aus einer buschigen und gut verwurzelten Pflanze? Und ist es nicht immer noch dieses Werk, in dem ich sie, trotz ihrer Abwesenheit, am sichersten wiederfinden kann?

Viola Roggenkamp

Clärenore Stinnes

»ICH MÖCHTE ZU CLÄRENORE SÖDERSTRÖM«, erklärte ich dem Tankwart eines größeren Moselstädtchens, denn hier, in einem Radius von 50 Kilometern muß sie irgendwo stecken. Selbstverständlich weiß er, wen ich meine. Den Weg zu ihr beschreibt er mir wie den zu einer Sehenswürdigkeit. Bei einer gartenumgrabenden Bäuerin vergewissere ich mich noch einmal, ob ich auf der richtigen Spur bin, und sie weist mir den Weg zu einem Waldstückchen.
Dreimal umkreise ich den kleinen Forst auf einem kaum auszumachenden Pfad und versacke mit dem Wagen bis über alle vier Räder im Morast. Während der BMW und ich uns erheblich anstellen, denke ich daran, daß sie ganz andere Hürden genommen hat, als sie vor 53 Jahren als 26jährige mit ihrem Adler-Standard, 12/50 PS und verlängertes Chassis, als erster Mensch im Auto um die Welt fuhr: An die Wüste Gobi denke ich, mit ihren Flugsandfallen; an den 4000 Meter tiefen, vereisten Baikalsee, dessen Decke immer wieder aufbrach; an das meterhohe, steil ansteigende Geröll der Anden. Wenn ich stecken bliebe, wird sie mich schon rausholen.
Endlich entdecke ich ihr Holzhäuschen, gut verborgen zwischen hohen Tannen. Die Wohnstube betrete ich zögerlich

und sehe eine kleine Frau, die mit flinken Bewegungen in der Küche werkelt. Mich nimmt sie überhaupt nicht zur Kenntnis. Richtig – sie ist schwerhörig und geht damit genauso selbstverständlich um wie mit mir. Die folgenden Stunden brülle ich tapfer gegen die Waldesstille an. Ihre Liebenswürdigkeit, ihr zutraulicher Schalk lassen mich bald vergessen, daß wir uns gerade erst kennengelernt haben. Ich habe es nicht mit einer alten Dame zu tun, sondern mit einem lebensneugierigen, temperamentvollen Menschen.

NACH EINER STUNDE duzen wir uns. Mit zwei Gläsern Whisky hat sie souverän diese Distanz genommen, und fortan erzählt sie mir in sonorem Baßbariton aus ihrem Leben. Ihre Stimme hätte Anspruch auf stattliche Einsneunzig. Clärenore Söderström reicht mir knapp bis zur Schulter. Ein Meter und einundsechzig steht im Paß. Das ist bestimmt übertrieben.

Womit fangen wir an? Mit der Weltbezwingerin Clärenore, dem Liebling der ersten Berliner Gesellschaft in den sogenannten Goldenen Zwanzigern? Oder mit dem kleinen Mädchen Clärenore, vom Vater »Mäuslein« genannt, das sich energisch gegen die beiden herrschsüchtigen älteren Brüder durchsetzte. »Das enttäuschendste Weihnachten war, als wir drei Ältesten einen Indianeranzug bekamen. Die Jungen Hosen und Häuptlingsschmuck und ich die Kleidung einer Squaw. Mit Tränen der Scham und der Entrüstung habe ich den Raum verlassen. Erst am Abend im Bett tröstete mich mein Vater und versprach, mir zu meinem Geburtstag im nächsten Monat die Zeichen der Würde eines Häuptlings zurückzugeben.«

Clärenore Stinnes auf ihrer Fahrt um die Welt

Beginnen wir mit ihrem Vater, Hugo Stinnes, dem damals reichsten Mann Europas. Sein Wirtschaftsimperium war in Umfang und sozialer Gestaltung einflußreich bis in die heutige Montan-Mitbestimmung. Als er 1924 starb, hatte die 23jährige Clärenore ihren einzigen Verbündeten verloren. Um im Sinne des heißgeliebten Vaters zu arbeiten (er hatte sie zu seiner Sekretärin bestimmt), beschloß sie, in den Hugo-Stinnes-Konzern einzusteigen. Doch die Mutter lehnte dies kategorisch ab. Das sei nichts für Mädchen. Die älteren Brüder übernahmen das Unternehmen, tobten ungezügelt ihr Konkurrenzverhalten gegeneinander aus und brachten den Konzern an den Rand des Ruins. Clärenore hatte inzwischen ihre sieben Sachen gepackt und war nach Berlin gezogen.

In Berlin gründete Clärenore, gerade 23 Jahre alt, eine kleine Handelsgesellschaft, die Pleite machen mußte, weil der Partner und ein Rechtsanwalt Gelder veruntreuten. In dieser Situation trat der Direktor der Dinos-Automobilwerke in Berlin an sie heran. Ob sie sich nicht für die Dinos-Werke bei einem Rennen aufstellen lassen wollte. »Egal ob ich mich plazierte oder als letzte ans Ziel kam, eine Dame am Steuer war eben Reklame genug. Die Dinos-Werke hatten Papa gehört. Ich fuhr selbst einen Dinos-Wagen und fühlte mich also etwas moralisch verpflichtet.«

Sie trat als »Fräulein Lehmann« an. »Papa war erst ein halbes Jahr tot.« Fräulein Lehmann machte ihr Rennen hinauf vom Ruhrtal zur Villa Hügel (Wohnsitz der Familie Krupp bei Essen) als gute Dritte in ihrer Klasse. »Schon am nächsten Sonntag startete ich wieder und damit war mein Weg als Renn- und Rallyefahrerin besiegelt.« 1925 fuhr sie dann unter ihrem Namen Clärenore Stinnes. »Erst noch mit

Dinos, dann Aga und ab 1926 Adler. Rennen waren meine Wochenendbeschäftigung geworden.« Es versteht sich, daß Clärenore Stinnes inzwischen durch den Blätterwald der Gazetten rauschte. Als nicht nur Deutschlands, sondern »Europas erfolgreichste Autofahrerin«, wie die Journalistin Rita Doerschlag am 1. Februar 1927 in den *Leipziger Neuesten Nachrichten* vermerkte, als Enfant terrible, als unternehmungslustiges, munteres Geschöpf dieser unruhig brodelnden Zeit.

AM 25. MAI 1927 startete sie ihre Reise um die Welt. Was war das für ein Geschöpf, diese Clärenore, jetzt 26 Jahre alt, klein, zierlich, mit dem Mut einer Löwin, bürgerlich-patriarchalisch aufgewachsen, Kind der besten Gesellschaft und lebenstüchtig für sich allein sorgend. Wie sah sie aus?
Der Journalist Erich Czech porträtierte sie 1927 in der Zeitung *Die Stunde*. Überschrift: »Ich heiße Stinnes und fahre im Auto um die Erde«; Unterzeile: »Interview mit dem modernsten Mädchentypus«. Und so konnte man es damals lesen: »Im schönen Saale der Montan-Union; am grünen Tisch, in den Fauteuils der Generaldirektoren und Verwaltungsräte, ein Dutzend Journalisten in Lauerstellung. Generaldirektor Busch hält mit seiner Meinung nicht hinterm Busch, daß die Reise des Fräulein Clärenore Stinnes eine große Reklamesache sei, weswegen er die Tamboure der Zeitungswerbetrommel zu sich gebeten habe. Mitten in die üblichen Bonmots, welche die Langeweile kaschieren, schneit aus irgendeiner Seitentür ein junges Mädchen: Fräulein Clärenore Stinnes. An der jungen Dame fällt auf, daß sie sehr jung ist. Daß sie Hosen trägt (aus fabelhaftem

Homespun). Daß sie klein und niedlich ist, wie eine Studentin. Einen martialischen Hut trägt, Borsalino, Fasson ›zusammengedepscht‹. Daß sie in einem fort Zigaretten raucht und gern und viel lacht. Daß sie außer ihrer Muttersprache perfekt englisch, französisch, spanisch und schwedisch spricht. Was sie zu diesem Reiseplan bewogen hat? ›Ach Gott, ich will die Welt aus eigener Anschauung kennenlernen, das ist alles.‹ Sie fährt also kreuz und quer über den Erdball, dessen Taillenweite bekanntlich 40 000 Kilometer ist, wie unsereins über Sonntag nach Lang-Enzersdorf fährt oder nach Pitten oder sonstwohin.« Der Journalist Erich Czech erwähnt auch am Rande Charles A. Lindbergh, der 1927 gerade den Nordatlantik in West-Ost-Richtung überflogen hatte (6000 Kilometer in 26 Stunden) und darüber zum Nationalhelden der USA wurde. Daß die erste Fahrt um die Erde im Auto in keinem Geschichtsbuch auch nur mit einer Silbe erwähnt wird, muß wohl nicht extra betont werden. So ist es immer gewesen. Clärenore erging es wie vielen anderen Abenteurerinnen. Sie war nicht die einzige. Wo konnten wir etwas lesen über Getrude Ederle, die 1926 den Kanal durchschwamm? Was wissen wir von Clärenores Rennen fahrenden Zeitgenossinnen? Von Liliane Röhrs, Irmgard Mahlkopf-Allmers, Else Vollbrecht, Franziska Lüning, Ernes Merck, Hilde Wickenhäuser, Tilly Köpke, Berta Merkel. Immerhin waren es doch so viele und wahrscheinlich noch mehr. Was wissen wir von Elisabeth Heyking, deren *Tagebücher aus vier Weltteilen* 1926 von ihrer Freundin Grete Litzmann herausgegeben wurden? Von 1886 bis 1904 reiste sie an der Seite ihres Mannes und Diplomaten durch die Welt, durch Chile, Indien, Ägypten, China und Mexiko. 25 engbeschrie-

bene Tagebuchhefte hinterließ sie, mit denen sie sich unbeabsichtigt ein schriftstellerisches Denkmal setzte. Eine hochbegabte Frau, die als sechsjähriges Mädchen fließend deutsch und französisch schrieb und las, die sich bereits brennend für Geographie interessierte. Da sie »standesgemäß« reiste und aufgenommen wurde, erlebte sie allerdings vorwiegend die Sonnenseiten der Länder und ihrer Menschen.
Clärenore allerdings – so sehr es sie umtrieb von einer Autokatastrophe zur nächsten, von einem Empfang zum anderen – sah doch auch das Elend der Menschen, der Männer, aber auch der Frauen und schrieb es nach der Weltreise auf in ihrem Buch *Im Auto durch zwei Welten.*

WAS WISSEN WIR von Amalie Dietrich? Im Großen Brockhaus steht sie jedenfalls nicht. Zu ihrer Zeit war sie eine prominente Botanikerin, die 1836 Mann und Tochter daheim ließ und sich nach Australien aufmachte, um dort zehn Jahre lang Pflanzen, Vögel und Fische für das botanische Museum in Hamburg zu bestimmen. Als sie Jahre später, schon eine alte Frau geworden, an einem Botaniker-Kongreß in Berlin teilnehmen wollte, wurde sie an der Tür abgewiesen: »Frauen haben keinen Zutritt«, hielt man ihr frech entgegen. Nachdem sie ihren Namen genannt hatte, sprach sich die Anwesenheit der prominenten Kollegin rasch herum. Die Herren machten eine Ausnahme, gaben ihr einen Ehrenplatz.
Auch Marie von Bunsen, deutsche Publizistin und Schriftstellerin, Tochter eines liberalen preußischen Politikers, ging zu ihren Lebzeiten (1860–1941) viel auf Reisen, und fast immer allein. Über ihre Fahrten in den Fernen Osten

veröffentlichte sie 1913 ein Buch mit eigenen Aquarellen. Sie berichtet darin über Japan, Korea, China, Ceylon, Kambodscha, Birma und Indien. »In Birma«, schreibt sie, »lebt die unabhängigste Frau auf Erden«. Sie dürfe ihre Mitgift behalten und selbst verwalten und mehren, sie dürfe ihren Namen weiter tragen und stünde in allem gleichberechtigt neben dem Mann. – Wieviele mag es gegeben haben, von denen wir nie etwas erfahren werden?

Auch Clärenore Söderström hat 50 Jahre lang geschwiegen. Aus Liebe zu ihrem Mann, wie sie sagt. »Als er mit ›Herr Stinnes‹ angesprochen wurde, habe ich unter die Weltreise einen Strich gezogen.« Ihre eigene Familie übrigens, ihre Brüder vor allem, waren entsetzt, reagierten pikiert und empört auf ihre Rennerfolge und auf die Autofahrt um den Globus und verschwiegen das abenteuerliche Leben Clärenores vor den Kindern und Enkeln. Es war angeblich nicht standesgemäß. Wahrscheinlich platzten die Brüder vor Neid …

Die Globus-Tour finanzierte ihr die Autoindustrie. 100 000 Reichsmark kamen zusammen. Ihre neueste Serienlimousine »Standard 6« mit stabiler Stahlkarosserie stellten die Frankfurter Adler-Werke zur Verfügung. Clärenore ließ sich Liegesitze einbauen und große Koffer auf die Trittbretter montieren. Mit auf die Reise ging ein Adler-Lastwagen, in dem Benzinkanister, Ersatzteile, Werkzeug, Reifen, ein Flaschenzug, Stemmbalken, drei Pistolen und ein Zelt verstaut wurden. Zwei Mechaniker sollten ihn fahren. Zudem sorgten die Herstellerfirmen für Depots mit Benzin, Öl und Maschinenteilen in entlegenen Landstrichen. Sämtliche diplomatische Vertretungen des Reiches wurden versorgt mit Auto-Teilen für Clärenore.

Um das waghalsige Unternehmen dokumentarisch festzuhalten, wurde der prominente schwedische Kameramann Carl-Axel Söderström engagiert. Von Frankfurt aus ging es quer durch Deutschland über den Balkan. Es folgten die Städte Konstantinopel, Angora, Damaskus und Bagdad. Von Teheran sollte es dann über den Kaukasus nach Norden bis Moskau gehen. Clärenore: »Und von dort immer gen Osten über Sibirien, die Mongolei nach Peking.«
Japan würde folgen, dann mit dem Schiff hinüber nach Amerika und dort weiter im Wagen nach Peru, Bolivien, Argentinien und Chile nach Los Angeles – New York – Paris – Berlin. Das war die Reiseroute.
Gleich am zweiten Tag gab's die erste Reifenpanne. Clärenore hatte 148 hartgekochte Eier dabei, »damit wir uns in den ersten Tagen nicht unnötig mit Proviantsuche aufhalten mußten.«
Am 22. August treffen die beiden Wagen in Moskau ein. Ein Sechstel der Reise um die Erde ist nach 9830 Kilometern mit vielen Strapazen geschafft. Hier werden die Fahrzeuge gründlich inspiziert. Erst am 16. September geht es weiter, und bald hat sie der russische Winter eingeholt.

DIE STRECKE wird zusehens miserabler. Beim Regen löst sich die russische Steppe in braunen Brei auf. Von Straßen kann schon lange nicht mehr die Rede sein. Sie übernachten oft bei Bauern auf Strohschütten, wegen der allmählich einsetzenden Kälte eng aneinander gedrängt, die zwei Männer und Clärenore samt Lord, ihrem Hund. Einer der Mechaniker war inzwischen wegen akuter Blinddarmentzündung ausgestiegen. Noch bis Moskau erreichen

Clärenore immer wieder mahnende Telegramme der Freunde aus Deutschland. Auch Gustav Stresemann bittet sorgenvoll per Depesche die Draufgängerin, ihr tollkühnes Unternehmen abzubrechen. Doch sie läßt sich nicht erweichen.

Das nächste Hindernis hieß Sura. Der stromschnelle Fluß bei Lwuwa mußte überquert werden. Dazu gab es nur ein Floß, das gewohnt war, höchstens fünf Pferde herüberzuholen. In ihrem Buch *Im Auto durch zwei Welten*, 1929 in Berlin herausgegeben, schreibt sie: »Heidtlinger (der Mechaniker) begrüßte mich mit saurem Gesicht und erklärte: ›Wenn Sie glauben, daß ich diese Schinderei noch länger mitmache, irren Sie sich. Ich riskiere nicht weiter meinen Kopf dabei!‹ Ich versuchte ihm zuzureden, es half nichts. Er wurde ausfallend und meinte: ›Sie können ja doch nichts ohne mich machen, und ich fahre nur noch den Wagen zurück, aber nicht einen Schritt vorwärts mehr!‹ Diesem offenen Streik gegenüber in einem Augenblick, wo andere Hilfe tageweit nicht greifbar war, erfaßte mich die Wut, und ich sagte: ›Gehen Sie weg! Die Wagen können auch ohne Sie hinüberkommen.‹ Wir arbeiteten den ganzen Nachmittag, um die Fähre zu verstärken und am jenseitigen Ufer die Möglichkeit zu schaffen, auf zwei Planken wenigstens so weit Boden zu gewinnen, daß uns kein Wasser in die Motoren kam. Ich probierte die nasse Fahrt zuerst mit meinem Wagen. So fuhr ich auf die Fähre hinauf. Die Balken, an denen sie angenagelt war, wurden losgeschlagen, wir glitten über den Strom und am gegenüberliegenden Ufer kam ich glücklich an Land.«

Sie hat auch heute noch diesen eisernen Willen, und wer nicht mitzieht, der bleibt halt zurück. In diesem Falle war es

der zweite Mechaniker, und Söderström übernahm den Lastwagen. Da waren's nur noch zwei.
Am 12. Januar finden sich in Carl-Axel Söderströms Tagebuch drei Zeilen: »Mit heiler Haut zu Hause nach 45 Kilometern. Wölfe begleiteten uns während der Fahrt. Stinnes bietet mir das Du an.«
In der Mongolei werden sie von den Hunghutzen verfolgt, meist chinesische Deserteure, die auf Beute aus sind und nicht lange um ein Menschenleben fackeln. Sie haben Glück, wieder einmal und immer wieder. Der Lastwagen streikt zwar mitten auf der Verfolgungsjagd, doch sie reparieren ihn in Windeseile mit Todesangst und entkommen schweißgebadet der blutrünstigen Räuberbande.
17. März – Söderstrom notiert: »0.45 Uhr sehen wir die ersten Lichter von Peking. Um 1.30 Uhr stehen wir vor dem geschlossenen Stadttor. Zunächst total Stop. Mit viel Schimpfen durften wir um 3 Uhr weiterfahren. Fuhren eine Stunde vergebens in der Stadt herum, bis wir um 6.30 Uhr unser Hotel fanden. Waren so schmutzig und von Lehm verkrustet, daß der Portier uns nicht hereinlassen wollte. Wir sind 18886 Kilometer gefahren. Nur einige Stunden Schlaf, und wir werden von Reportern überfallen bis Mitternacht. 18. März – Von aller Herren Länder kommen auch heute noch Reporter. 19. März – Lunch beim deutschen Gesandten, Freiherr von Schön. Eingeladen auch die Gesandten von Frankreich, England, Amerika und Baron Lejonhuod, der schwedische Gesandte.«

AM 25. APRIL zwischen Kobe und Osaka übernachten sie in einem Geisha-Haus. Söderström notiert: »Ich wurde von zwei Geishas gebadet und auf dem Boden zum Schlafen gebettet. Es gab nicht ein Möbel im Zimmer, und die Geisha, die bediente, lag vor mir auf den Knien.« Clärenore notiert: »Meine Gefühle waren sehr gemischt, als ich die Entdeckung machte, daß die Aufforderung an Söderström als erster ins Bad zu gehen, keine reine Formsache war, Nein, er war der Herr und ich nur eine Frau, die an zweiter Stelle rangierte und nach ihm dasselbe (!) Badewasser benutzen durfte.«

Am 11. Juli beginnen sie ihre Fahrt durch Peru, begleitet von Hauptmann Galvez. Er soll über die Reiseroute der beiden bei dieser Gelegenheit eine topographische Karte anfertigen, denn Karten, gar Wege, geschweige denn Straßen über die Cordilleren gibt es nicht. Hier, in den peruanischen Anden liegen wohl die schwärzesten Tage dieser Autoreise um die Welt. Zu Fuß wären sie gewiß leichter vorangekommen als mit dem Adler, der das eine Mal die steilen Schotterwände hinaufgezogen werden muß mit Hilfe von Landarbeitern und 25 Pferden. Das andere Mal gilt es, den völlig verstaubten Karren am Abstürzen zu hindern, mit frommen Sprüchen und Muskelkraft. Abwechselnd sitzen bei diesen Torturen Clärenore oder Carl-Axel an der Handbremse bzw. an der Kamera, denn gedreht werden muß ja auch, sonst glaubt es die Mitwelt in Europa womöglich nicht. Am 28. Mai 1929 wird ihnen in New York ein triumphaler Empfang bereitet. In Washington begrüßt sie Präsident Hoover im Weißen Haus. Clärenore hält einen Fünf-Minuten-Vortrag, der über 21 Stationen in ganz USA ausgestrahlt wird. Und Amerika feiert die 27jährige als emanzipierte Frau, als Pionierin: »Blond Claerenore Stinnes, who defied her family to motor round the world without a

chaperone (Anstandsdame), has become the ideal of the teutonic new woman that seeks a virgin eden.«
Am 24. Juni 1929 erreichen die beiden nach zwei Jahren und einem Monat wieder Berlin. Clärenore schreibt in ihrem Buch: »In den Verwaltungsräumen der Avus, der großen Automobilstraße, hatten sich alle zusammengefunden. Geschlossen fuhren wir unsere beiden Wagen durch das Ziel, das aus Blumen und wehenden Fahnen gebaut worden war. Blumen und Schleifen türmten sich auf den Motorhauben, und Freundeshände streckten sich uns entgegen. (...) So waren wir endgültig am Ende unserer Fahrt, die uns über zwei Jahre, in denen wir 49 244 Auto-Kilometer zurücklegten, durch fremde Länder und Völker, durch Gefahr und Schönheit geführt hatte.«
Durch 23 Länder hatte sie die Reise geführt. Länder, in denen die Menschen noch nie ein Auto gesehen hatten, die beim Anblick des Wagens kreuzschlagend um ihr Leben liefen. Am Adler war bis auf den Motor so ziemlich alles irgendwann mal in die Brüche gegangen. Stinnes und Söderström waren auf dieser Reise um die Welt gemeinsam durch alle Höllen gegangen, durch mörderische Kälte und glühende Hitze und oft bis an den Rand ihrer physischen Kräfte. Am 20. Dezember 1930 heirateten sie. Clärenore und Carl-Axel Söderström wurden Landwirte in Schweden, kämpften auf der Seite der Schweden gegen den Nationalsozialismus in Deutschland, zogen dort ihre drei Kinder und eine ganze Reihe Pflegekinder groß und ließen Weltreise und Filmgeschäft auf immer aus ihrem Leben verschwinden.

George Tabori

Lotte Lenya

EINEN TAG NACH WEIHNACHTEN '81 in New York sprach Lenyas beste Ex-Freundin von ihrem Tod. Zusammengeschrumpft hätte sie keine Besucher mehr empfangen. Das glaube ich nicht. Sie war uneitel bis zum äußersten. Häßlich war sie ohnehin mit ihrem Pferdemaul und der Boxerkinnlade. Außerdem war sie Mitglied der Bande gewesen, die Häßlichkeit zur Ästhetik stilisiert hatte; eine Schwester der Dreiviertelstarken wie Brecht, Grosz, Wedekind usw., die im Sog des Ersten Weltkrieges die Welt umwalzten und ihren Unterleib aufschlitzten, um zu zeigen, was unter den Seufzern der Romantiker verborgen ist. Diese Häßlichkeit ist der vorherrschende Stil geblieben, den man ohne Schaudern und objektiv betrachten sollte; Gefühle werden noch immer höhnisch im Subtext versteckt, Opas Sentimente durch Grausamkeiten ersetzt, was nur die andere Seite derselben Münze ist. Wer kann es sich angesichts so vieler Abscheulichkeiten schon leisten, irgend etwas zu fühlen, ohne verrückt zu werden? Sachlichkeit hat viele »gesund« erhalten, Dr. Mengele inbegriffen – ein weiterer Platzanweiser zum Zeitalter der Coolness.

Lenyas *persona*, besser bekannt als Seeräuberjenny, war die wahre Mutter des Coolen: ein Opfer ohne Mitleid oder

Selbstmitleid, das darauf wartet, daß seine Kumpel in den Hafen segeln und die Köpfe der Unterdrücker abhauen, während die mit der entzückten Stimme eines kleinen Mädchens »Hoppla« ruft. Was immer die Krankheit ihrer geschundenen Hülle angetan haben mag, ich bin ganz sicher, daß es ihr schnurzegal war, ob Besucher kamen oder nicht. Dies eben war die Quelle ihrer Stärke, das Wesen ihrer *imago*: *ihr war es schnurzegal*. Und das war keine Mache, sondern echt. Sie machte nie etwas vor, nicht auf der Bühne und nicht dahinter. Sie war absolut authentisch, ohne eine Spur von Falschheit in einer Welt von wahren Falschen; eine Meisterin des *Je m'en foutisme*. Sie muß gut gestorben sein. In all den 25 Jahren, die ich sie kannte, schien sie mir furchtlos und jederzeit bereit, den Löffel aus der Hand zu legen. Eine wunderbare Müdigkeit umhüllte sie, als hätte sie die Triumphe und die Niederlagen ihrer Zeit voll ausgekostet. Sie war nicht einmal zynisch. Ihr war eben alles schnurzpiepegal – die letzte der großen herzlosen Huren. Nur daß sie immer, selbst in ihrem alterslosen Alter – und darin bestand die Dialektik ihres Talents – das kleine Mädchen blieb, das, wie die Mär geht, im Alter von 12 Jahren von zu Hause wegrannte, um Ballettänzerin zu werden und, gelegentlich, Freudenmädchen. Dieses Doppelbild machte sie, wenigstens für einige von uns, sehr viel attraktiver als die andere große deutsche Legende, Marlene Dietrich, die von Hollywood in eine reine Kunstfigur umgemodelt wurde, indem man alles ausradierte, was wie wirklich war: eine großzügige, sensible, sehr tapfere deutsche Hausfrau, die Remarque die Socken stopfte, in Schlick und Schlamm für GIs sang, Hemingway nicht ganz von seiner Praecox heilen konnte (»unser Timing war verschieden«,

Lotte Lenya, 1930 in Berlin
(Foto: Lotte Jacobi)

gab er zu) und mich bei einem unvergeßlichen Lunch zusammenstauchte, weil ich im Weltschmerz des Emigranten schwelgte. Selbst über einem Hamburger mit Zwiebeln war Marlene unerreichbare Sexgöttin und eben darum so unsexy wie der Oscar.

DER LENYA konnte niemand etwas ausradieren. Sie war, was sie war, unzerstörbar in ihrer Einheit von Rolle und Person, auch wenn sie nur eine einzige Rolle spielte, die der Jenny. Eine Schauspielerin war sie nicht, nicht mal Performerin oder Chanteuse. Ihre Stimme war, trotz ihrer hervorragenden intuitiven Musikalität, keine Lobesgesänge wert. Sie war Jenny. Sie hatte nur eines zu sagen und sagte es besser als jeder andere, indem sie das verkörperte, was Kenneth Tynan den größten revolutionären Song seit der Marseillaise nannte. Sie war auch eine wunderbare Interpretin Brechtscher Lyrik; manches, wie z. B. »An die Nachgeborenen«, sprach sie besser als die große Giehse, obwohl sie es in Englisch sprach, in meiner halbgaren Übersetzung, vielleicht weil sie, anders als die Giehse, bis zu ihrem Ende im Exil blieb, eine Fremde in einer Welt, die sie nicht gemacht hat.

Anders als Marlene war sie schlampig, mausgrau, nicht ganz sauber und sehr wahrhaftig. Und dann war sie einfach, was sie zum Teil von Brecht gelernt hatte, der einige ihrer berühmten Gesten des Leidens und der Verachtung geschaffen hat. Sie konnte schön lachen, aber an ein Lächeln von ihr erinnere ich mich nicht. Ihr Gesicht war offen wie eine Kabuki-Maske, sehr bleich, zerrissen von einem blutigroten Mund. Sie roch nach Kummer, litt aber Mitleid mit ihrem Leiden nicht, und so blieb ihr Kummer, wie Jennys Verrat an Mackie, immer ein bißchen geheimnisvoll. Gerüchten zufolge soll sie toll im Bett gewesen sein, halb Nachtschwester, halb neugieriges Mädchen. Ihre Männerwahl war auch geheimnisvoll: Weill, ein plumper, kahlwerdender Jude, nicht gerade Prince Charming; ein zweiter Ehemann, der schwul war und einmal beinahe vor ihrer Wohnung totgeprügelt wurde; der dritte, ein Upperclass-Maler, döste ein und schnarchte, während sie sang, und soff sich zu Tode.

Ungefähr zehn Jahre ihres Exils lebte sie, als Weills Frau, in vergleichsweiser Unbekanntheit. Nur einige der Emigranten erinnerten sich an ihre Berliner Jenny, ein Triumph, der teils auf Zufall, teils auf Intrigen gründete. Der Song war und ist für Polly geschrieben. Obwohl Lenya ihn sich unter den Nagel gerissen hatte, fehlte ihr Name im Programmheft. Als die *Dreigroschenoper* schließlich in New York wiederaufgeführt wurde und sieben Jahre *en suite* lief, wurde sie zur Kultfigur. Als sie schließlich bei unserem *Brecht on Brecht* mitmachte, war sie schon Legende geworden, ein Geist aus den Goldenen Zwanzigern des Sündenbabels. Solche Klischees machten ihr nichts aus.

Sie versuchte, eher widerwillig, uns zu lehren, wie man Brecht spielt, aber schon ihre Gegenwart legte unsere Unfähigkeit bloß, mit einer Methode umzugehen, die unserem Küchen-Naturalismus so fremd war. Später gingen wir beide nach London, um unsere kleine Brecht-Collage von Liedern und Gedichten zu machen, worüber fast meine Ehe zerbrach. Ich gebe zu, ich war ein bißchen verliebt in sie, aus purer Eitelkeit, denn sie mochte meine Übersetzungen. Ich bewunderte sie wie ein Fan, was sie ohne Befremden und cool zur Kenntnis nahm, aber diese Bewunderung wurde von allen geteilt, die die sechziger Jahre bestimmt haben – den Studenten, den Schwarzen, den Schwulen, den Junkies, den Revoluzzern – allesamt Piraten, die davon träumten, das Schiff mit acht Segeln miteinander zu teilen und die Köpfe zu fällen. Das Schiff ist nun weg und Jenny auch. Ich jedenfalls werde sie nie vergessen: wie sie litt, eine Jeanne d'Arc des Puffs, während sie für die Geschmähten und Geschändeten sang, ohne ihren Schmerz zur Schau zu stellen und ohne um Beifall zu betteln. Es war ihr schnurzegal, was bedeutet, daß ihr nicht egal war, worauf es ankommt, und dafür tat sie viel, aber nicht für den Puff, wo alle geschäftig waren und noch sind und nicht nach dem rechten Wort suchen, sondern nach dem schnellsten Weg zur Bank – ein sehr morastiger Weg. Die große alte Dirne mit der Kinderstimme war, für eine Zeitlang, das Reinste in der Stadt.

Eiko Ishioka

Tamara de Lempicka

VON 1920 bis in die dreißiger Jahre erschienen in der Pariser Kunstwelt Porträts mit sehr starkem, mondänem Duft, die man für Bilder von Playboys, Mode-Gigolos oder müßigen Damen halten konnte, wenn man die schillernden Titel nicht las: Graf Herdringen, Marquis d'Afflitto, Duchesse de la Salle, Fürstin Valmy, Marquis Sommi, Prinz Eristoff, Großfürst Gabriel, Graf Marcello, Baron Kuffner. Mit einem Blick sieht man, sie sind in der Mode des Art déco gemalt, auch den Einfluß des Kubismus kann man spüren. Die Person aber, die diese Porträts malte, gehört kunstgeschichtlich keinem Flügel an. Sie trat unabhängig in der Welt der Kunst in Erscheinung. Wenn man es will, sollte man sie in einer eigenen kunstgeschichtlichen Richtung einordnen, die ich Tamara-Stil nennen möchte.

Eigenartigerweise war die Malerin Tamara de Lempicka immer ein Rätsel, und da sie keine regelrechte Vorstellung erfuhr, hat fast keiner von ihrer Existenz gewußt. Ich war auch keine Ausnahme, natürlich. Die Malerin, die früher in Paris ein Star war, ist in das Jenseits der Vergangenheit abgetaucht, und über Nacht verschwand sie in eine namenlose Existenz.

IM JANUAR 1979 bat mich der Verleger Tsuji Masuda um meine Privatmeinung zu einem merkwürdigen Buch, das er erhalten hatte. Es hatte ein auffälliges Äußeres, war mit Goldbuchstaben verziert und trug den Titel *Tamara de Lempicka – mit einem Tagebuch der Haushälterin Gabriele d'Annunzios*. Was steckt dahinter, war die Frage.

Ich schlug es auf, und mein Blick fiel auf das Porträtfoto einer Frau. In kleinen Buchstaben stand der Titel »Tamara in den dreißiger Jahren«. Das Foto zeigte eine sehr schöne Frau, es sah aus wie ein Werbefoto von einer Filmschauspielerin. Ich merkte sofort, diese Frau war Malerin. Das Hauptthema des Buches war eine Liebesaffäre zwischen dem Dichter Gabriele d'Annunzio, der damals in der Kunstwelt großen Einfluß besaß, und Tamara. Der Hauptzweck schien mir zu sein, das pornographieähnliche Tagebuch der Haushälterin und die Briefe zu veröffentlichen. Tamaras Werk war als schmückendes Beiwerk der Liebesaffäre beigefügt. Es war ein Buch, das mich eigenartig berührte. Jetzt hatte Tsuji Masuda Feuer gefangen, er wollte Tamaras Bildersammlung sehen und einen Kunstband zusammenstellen. Er befragte mich gründlich, wie ich mir eine solche Ausgabe vorstellte. Ich sagte, daß ich mir als Anfang dieser Aufgabe wünschte, Tamara, die ein Rätsel war, zu treffen.

Die Arbeit begann damit, Tamaras Aufenthaltsort ausfindig zu machen. Nach ungefähr drei Monaten erfuhren wir, daß sie im Innern Mexikos, in Cuernavaca wohnte. Sofort schickte ich einen Brief ab. Es kam und kam aber keine Antwort. So entschloß ich mich, Tamara von New York aus durch eine Freundin direkt anrufen zu lassen. Das Ergebnis war bestens. Mitte September, als die Winde kühler wurden, brach ich nach Mexiko auf.

Tamara de Lempicka, um 1928

Mit der Welt einer einsamen Malerin in Berührung zu kommen, die nicht bestanden hatte vor dem Urteil der Kritiker, die bestimmen, welche Werke in die Geschichte einzugehen haben, einer Malerin, die nicht einzuordnen ist in die Kunstströmungen ihrer Zeit, die Superstars wie Picasso, Matisse und Braque hervorgebracht hat, das war für mich ein sehr wichtiges Ereignis.
Das Glück, die Gegenwart einer Frau zu teilen, die im 19. Jahrhundert geboren war, die die heftigen Schwankungen der Geschichte überstanden hatte und bis jetzt lebte, versetzte mich in eine feierliche Stimmung.

CUERNAVACA liegt von Mexiko City etwa zwei Autostunden entfernt im Landesinnern und ist eines der wenigen vornehmen mexikanischen Wohnviertel. Dort wohnen hauptsächlich reiche Europäer und Amerikaner, die sich zur Ruhe gesetzt haben. Tamara führte dort ein elegantes Leben in ihrem Haus, umsorgt von einer Krankenschwester, einem Fahrer, fünf Dienstmädchen und einem Gärtner. Als ich dort ankam, hüllte der Vorhang der Nacht das Haus sanft ein. Europäische indirekte Beleuchtung erhellte Veranda und Zimmer, üppige mexikanische Pflanzen warfen ihre Schatten auf die zauberhaft schimmernde Wasserfläche des Schwimmbeckens.
Tamara, die von der Krankenschwester und einem Dienstmädchen gestützt, mir ruhig entgegenschritt, war ein großer Star, wie ich es mir vorgestellt hatte. Ihr Körper war in ein langes ultramarinfarbenes, mit Mustern geschmücktes Kleid gehüllt, sie trug einen weißen Hut mit breiter Krempe, weißes Make-up mit roten Lippen, es schien, als

wäre diese Erscheinung als Bild gemalt worden. Unter dem Schatten des Hutes lächelte Tamara freundlich und sagte zur Begrüßung: »Ich habe die Tage gezählt, die ich auf Sie wartete.« Ich umarmte Tamara leicht und gab dem Gesicht mit den tiefen Falten eine westliche Begrüßung. In das stille Haus kam plötzlich ein Eindringling aus einem fremden Land. In meiner Gegenwart gab sich Tamara lebhaft. Ich war aus ihrer Sicht so etwas wie ein Kind. In der Tat hatte ich ungefähr das gleiche Alter wie ihr Enkelkind. Tamara nannte mich öfter »Japanese girl«. Tamara empfand mich wohl wie ein Mädchen. Als ich das Gepäck abgestellt und mich umgezogen hatte und auf den Balkon heraustrat, war der Aperitif vorbereitet. Kurz nachdem ich etwas zur Ruhe gekommen war und Luft geschnappt hatte, fragte Tamara: «Haben Sie das Buch mit dem schwarzen Deckblatt über mich gelesen? – Weil Tamara durch ihren eindringlichen Ausdruck anmerken ließ, daß es ihr lieb wäre, wenn ich es nicht gelesen hätte, gab ich gerührt zur Antwort: »Nein, ich habe es nicht gelesen.« Tamara atmete auf und sagte etwas beruhigter: »Es ist wirklich unglaublich. Das Buch ist herausgekommen, ohne daß ich davon etwas wußte. Erst an dem Tag, als ich es von einem Bekannten geschickt bekam, erfuhr ich von seiner Existenz. Wegen des heftigen Schocks lag ich von der Zeit an im Krankenbett. Wirklich ungeheuerlich. Ich wünsche doch nur, daß man mich in Ruhe ließe. Was haben sie davon, wenn sie einen alten Menschen so quälen? Mit d'Annunzio habe ich nichts gehabt, was eine Liebes-Affäre wäre. Mit diesem Buch ist jetzt mein Name in aller Welt bekannt geworden. Sie können sich dieses Unglück nicht vorstellen. Ich habe einen Rechtsanwalt beauftragt und dagegen geklagt, aber der Gegner ist völlig verschwunden. Wie kann ich bloß die falschen Darstellungen dieses Buches richtigstellen?« Tamara sprach weiter. Gerade kurz zuvor war der Mann ihrer einzigen Tochter, die in Houston wohnte, gestorben. Ihr Kummer als Mutter war mitleiderregend. Sie sagte: »Warum müssen mich jetzt so viele Unglücksfälle quälen? Der liebe Gott hat mich bestimmt verlassen.« Und sie zeigte sich ganz geknickt. Unversehens wurde mir bewußt, daß mein Besuch in den Tiefpunkt von Tamaras Existenz gefallen war. Auch später, oft mitten im Gespräch über ihr Leben, verfiel Tamara in tiefe Niedergeschlagenheit und sagte bedauernd: »Wenn Sie mich doch schon ein wenig früher kennengelernt hätten.«

Tamara wurde 1898 in Polen geboren und erhielt eine Erziehung als Tochter der gehobenen Gesellschaft. Als Teenager heiratete sie und brachte ein Kind zur Welt. Nachdem sie ein Leben ohne Mangel in Sorglosigkeit geführt hatte, floh sie vor der russischen Revolution unter Lebensgefahr nach Paris. Seit Tamara Polen verlassen hatte, mußte sie immer mit der schweren Last eines Flüchtlings leben. Für Tamara, die den Kommunismus wie nichts anderes fürchtete, war es sicherlich eine gewisse Zumutung, einen fremden Besucher in ihr Haus zu lassen. Ich verstand, daß sie aus diesem Grund die sie bedrückenden Themen erst nach und nach zur Sprache brachte.

Das erste Abendessen begann. Alle Mädchen waren Mexikanerinnen. Es lag sicherlich an ihrer guten Ausbildung, daß sie ein hervorragendes französisches Essen zubereitet hatten. Tamara, die Make-up aufgelegt hatte und Schmuck über ihrem langen Kleid trug, gab den Mädchen, die zügig das Essen brachten, lebhafte Anweisungen. Die Stimmung

war fröhlich. Während wir Wein tranken, wurden die Vorspeisen aufgetragen, und wir plauderten über alles Mögliche. Als wir zum Hauptgericht kamen, war auch meine Spannung ganz gelöst, und ich fühlte mich wie zu Hause. Als das Hauptgericht dem Ende zuging, kamen Tamaras Bewegungen zum Stillstand. Als ich sie ansah, war sie eingeschlafen, mit Messer und Gabel in den Händen.
Nachdem wir zum ersten Mal gemeinsam zu Abend gegessen hatten, fühlte ich mich gezwungen, meinen in Japan gefaßten Plan, tiefgreifende Interviews mit ihr zu führen, grundlegend zu ändern. Die 81jährige Tamara war doch alt. Schon am Anfang bekam ich nun Zweifel, ob ich in unseren Interviews bis zum Grund würde vordringen können.

BIS ZUM ENDE hat es Tamara abgelehnt, fotografiert zu werden. Für das Frühstück, das jeden Tag zur Mittagszeit eingenommen wurde, war immer auf dem Balkon der Tisch gedeckt. Eines Morgens trug sie ein auffallendes Kleid, das wie ein Abendkleid aussah. Durch den durchsichtigen Stoff schimmerte Tamaras Haut. Das Licht, das durch die Büsche hinter Tamaras Rücken schien, umflorte weich ihr Gesicht. Als ich sagte, »Tamara, Sie sind heute besonders schön«, lächelte sie beruhigt und sagte mit dem Ausdruck vollster Zufriedenheit: »Ich fühle mich auch sehr wohl.« Ich sagte vorsichtig: »Sie mögen es, daß man Sie fotografiert, aber die Falten, die Sie so häßlich finden, sind die Schönheit, die man erst mit dem Alter erreichen kann, meinen Sie nicht auch?« Tamara erwiderte resigniert: »Sie sagen das, weil Sie noch nicht alt sind. Meinen jetzigen Kummer können Sie nur verstehen, wenn Sie selbst alt sind. Wie schrecklich ist es, morgens in den Spiegel zu sehen…«, und sie weinte.

Wenn wir ein persönliches Thema anschnitten, fand sie genaue Erklärungen lästig. Wenn wir über Bilder und Episoden sprachen, wurde sie ein anderer Mensch. Sie wurde dann lebhaft, sprach mit großen Gesten, sie richtete sich auf, wurde gesprächig und machte sogar Witze. Zum Schluß sagte sie jedesmal: »Mein Leben war Arbeit, und sich meiner Zustimmung versichernd, schaute sie mir in die Augen. Aber in allem, was sie erzählte, waren auch Episoden ihres Lebens enthalten. Auch ihr Privatleben wurde dabei natürlich berührt. Ich spürte aber, daß sie nur über Bilder sprechen und alles andere möglichst knapp abfertigen wollte. Je mehr ich mit meinen Fragen auf Einzelheiten einzugehen versuchte, desto schneller hörte sie auf zu antworten. Dann pflegte sie zu sagen: »Ein Mensch kann sich doch nicht an Dinge erinnern, die über 60 Jahre zurückliegen.«

Ich schlief im Gästehaus, und Tamara weckte mich jeden Morgen: »Fräulein, sind Sie wach?« und dann begann die Unterhaltung des Tages.

Durch den Besuch des jungen Gastes wurde das sonst so stille Haus lebendiger als üblich. Auch der Krankenschwester und den Mädchen schien es zu gefallen. Tamaras unbeschwerte Lustigkeit deutete darauf hin, daß sie zu den Mädchen ein gutes Verhältnis hatte. Tamaras Angestellte bewegten sich ungezwungen, obwohl Tamara eigenwillig und schwierig zu behandeln war; trotzdem mochten sie sie gern. Zu Anfang erschien Tamara vor mir nur mit dickem Make-up und Schmuck über ihrem Kleid, aber nach dem dritten Tag trug sie über dem Nachthemd einen Morgenmantel und kam ganz ungeschminkt zu mir.

Tamaras Krankenschwester Cathy war ein Mädchen von den Philippinen, ihre Familie hatte sie in Houston zurückgelassen, sie wohnte mit im Haus und pflegte opferbereit Tamara. Ich habe mich öfter mit ihr unterhalten. Wenn Tamara abends nicht einschlafen konnte, rief sie Cathy zu sich, erzählte ihr von alten Erinnerungen, was oft bis zur Morgendämmerung dauerte.
Von Cathy hörte ich, daß der Zeitpunkt meines Besuches sehr ungelegen kam, weil eine bösartige Geschwulst im Vorderteil von Tamaras Kopf ihr Erinnerungsvermögen erheblich beeinträchtigte. Cathy meinte, daß der Grund für Tamaras plötzlichen Zusammenbruch auf der letzten Einzelausstellung in der Pariser Galerie de Luxembourg 1972 wahrscheinlich auf diese Geschwulst zurückzuführen sei. Tamaras Zustand konnte man nicht als gesund und munter bezeichnen, aber der Zustand einer Kranken war es auch nicht.

EINES NACHMITTAGS lud mich Tamara in ihr Zimmer ein. Was mir beim Betreten des Zimmers als erstes auffiel, waren Tamaras Bilder, die an der Wand hingen. Als ich näher herantrat, erschrak ich. Sie hatte ihre eigenen Werke kopiert, wenn man, was sie tat »kopieren« nennen kann. Jedenfalls hat Tamara ihre großen Werke der Vergangenheit neu gemalt. Und, wahrscheinlich lag es am Alter, sie waren mit ungeschickten Pinselstrichen gemalt, nicht mit der Kraft und Feinheit der Originale zu vergleichen. Weil es so unerwartet kam, war ich einen Moment lang verdutzt. Ich war verwirrt und wußte nicht, wie ich es auffassen sollte. Tamara ist wirklich ein merkwürdiger Mensch. Soweit mir bekannt ist, wurde bis jetzt noch nie von einem Maler berichtet, daß er seine eigenen Werke kopiert. Neben ihrem Bett stand die Staffelei mit einem angefangenen »Heiligen Antonius«. Als wir später die Werke zusammenstellten, fanden wir noch eine Kopie mit groben Pinselstrichen. Das Original des »Heiligen Antonius«, das unter ihren Werken einen wichtigen Platz einnimmt, ist jetzt in den Händen eines eigenwilligen Besitzers, der trotz Tamaras direkter Bitte eine Ausleihe des Bildes stets verweigert hatte. Da wurde mir klar, daß der spätere Besitzer eines Bildes viel mehr Macht darüber hat als dessen Schöpfer. Von 1920 bis in die dreißiger Jahre hat Tamara viele ihrer großen Werke verkauft. Da es sich bei fast allen um Auftragsarbeiten, nämlich Porträts von Mäzenen handelte, wurde das Modell des Porträts auch dessen Besitzer. Während des Krieges und der anderen Zeitereignisse wurden die Bilder nur unvollkommen aufbewahrt. Viele von ihnen sind heute in Museen, die für ihren Erhalt sorgen. Bei Privatleuten hingegen ist dies nicht garantiert.

Nach dem Tode ihres zweiten Mannes, Baron Kuffner, verlor sie schnell die Kraft zum Malen. In den zwanzig Jahren bis zu ihrem Tod mit 82 Jahren konnte sie als reiche Witwe des Barons Kuffner leben und brauchte sich nicht durch Malen ihren Lebensunterhalt verdienen. Abgesehen davon hatte sich die gehobene Gesellschaft Amerikas und Europas, von der früher die Aufträge für Tamaras Porträts kamen, durch den Krieg so verändert, daß Tamara das Interesse an ihr verlor. Als Malerin konnte sich Tamara nicht der Zeit anpassen. Früher, in der Jugend, lebte sie leidenschaftlich und frei, ob sie vor der Leinwand stand oder nicht. Ihre Stärke spiegelt sich in ihren Porträts wider. Bei der alten Tamara war alles Erinnerung. Während sie von Drucken oder Fotos kopierte, dachte sie an die nie wiederkehrende Vergangenheit. Der Anblick der Malerin, die ihre alten Tage in dem mit Kopien ihrer Bilder geschmückten Zimmer verbrachte, zeugte von unsagbarer Verlassenheit. Ich war schmerzlich berührt. Tamara zeigte mir unverhüllt, wie schwierig es ist, auch als Mensch mit einem von allen gelobten Talent ein glückliches Leben zu führen.

AM NACHMITTAG des vierten Tages veranstaltete Tamara für mich eine Cocktailparty. Sie sagte mir, sie würde viele gutaussehende mexikanische Männer kommen lassen, und lud jeden einzelnen telefonisch ein. Als ich sie dabei ungewöhnlich lebhaft sah, stellte ich mir vor, daß sie in ihren jungen Jahren so lebensfroh war, daß sie zu keinem Mann nein sagen konnte.

Die ungefähr fünfzehn Gäste waren fast ausschließlich reiche Amerikaner, die sich zur Ruhe gesetzt hatten. Alles Leute, die mich überhaupt nicht interessierten. Es war eine ungewöhnliche Gesellschaft. Die starkgeschminkte Tamara begrüßte ruhig die Gäste und ließ sich höflich die Hand küssen. Das Gespräch und Lachen der Gäste war untermalt von dem Böllern des Feuerwerks von Cuernavaca. Tamara, die sich rühmte, daß in ihren jungen Jahren die Designer der Haute Couture von Chanel und anderen ihr um die Wette Garderobe schenkten, hatte ihre Kleiderschränke voll von Modellen, die sie in Frankreich und Italien bestellt hatte. Tamara saß still auf einem Stuhl und betrachtete die trinkenden und plaudernden Gäste. Ich sah Tamaras Profil und überlegte, was wohl in ihrem Herzen vorgehen mochte.

Bei unseren Interviews wiederholte Tamara häufiger den Ausdruck »good-looking-man«. Ihr Mann, ihre Liebhaber, ihre Modelle waren alle good-looking-men. Wenn sie dieses Wort in den Mund nahm, strahlte ihr Gesicht. Einmal fragte ich ironisch: »Tamara, Sie haben mit vielen good-looking-men verkehrt, waren diese good-looking-men auch gute Menschen?« Mit der für Europäer typischen So lala-Geste lachte sie.
Ihre zweite Heirat machte Tamara zu einer begehrten Baronin. Der mehr als zwanzig Jahre ältere Kuffner gestattete ihr ein Leben in Freiheit. Wenn ein in New York wohnender, reicher Auftraggeber ein Porträt wollte, flog sie mit ihrem Mann zusammen dorthin. Schließlich hatte sie auch in New York ein Atelier. Zeitweilig leistete sie sich den Luxus, über die ganze Welt verteilt, auf dem Montparnasse, in London, New York, Capri und Venedig, Ateliers zu haben. Auch während ihrer Ehen hat Tamara immer Liebhaber gehabt. »Weil ich meinen Mann so sehr liebte, hatte ich kein schlechtes Gewissen, wenn ich mit anderen Liebhabern Verhältnisse hatte.«

WEIL TAMARA auf ihren Gesundheitszustand achten mußte, waren fünf Tage für das Interview zu kurz bemessen. Der Tag der Rückkehr kam sehr schnell. Das beim Interview gesammelte Material war nicht ausreichend, aber ich kam zu dem Urteil, daß eine Verlängerung bei der körperlichen Verfassung Tamaras unmöglich war und brach es ab.
Am Morgen verabschiedete sich Tamara am Hauseingang. Das Gesicht ohne Make-up war voller Tränen. Ich konnte

vor Rührung nur sagen: »Ich schreibe ein Buch, worüber Sie sich freuen. Nächstes Jahr im Sommer komme ich wieder, bleiben Sie bis dahin gesund und munter!« Tamara nahm mich in den Arm und sagte: »Wirklich, ich freue mich darauf.

Ungefähr sechs Monate nach dem Abschied von Tamara, am 18. März 1980, erfuhr ich in New York von ihrem Tod. Ich war traurig, doch zu spät zu sein. Jetzt kann ich den mit Tränen gefüllten, warmen Blick Tamaras nicht vergessen, den sie zum Abschied auf mich richtete. Die Tage, die ich mit Tamara zusammen verbrachte, weckten in mir den einzigen Wunsch, sie durch dieses Werk, an dem ich eifrig arbeitete, zu erfreuen. Es machte mir Kummer, Tamara nicht mehr auf dieser Welt zu wissen.

Nach dem Tod Tamaras wohnte in dem Haus in Cuernavaca ihre einzige Tochter Kizette und erledigte die Angelegenheiten, die ihre Mutter betrafen. Sie sagte, daß in letzter Zeit plötzlich die verschiedensten Anfragen gekommen seien, was sie in Verlegenheit gebracht habe. Anfragen von Broadway-Bühnen. Anfragen von Hollywood bezüglich Verfilmung, Anfragen von Herausgebern von Kunstpublikationen verschiedener Länder. Kizette hat den starken Willen Tamaras geerbt.

»Meine Mutter hat als Frau wirklich frei gelebt, aber für mich war sie immer meine Mutter. Deswegen kann ich über Tamara nur als meine Mutter sprechen. Weil ich das einzige Kind war und es selten einen Mann in unserer Familie gab, bestand eine enge Bindung zwischen uns. Ich hatte überhaupt keinen Kontakt zu meinem Vater, und habe meine Mutter nie über meinen Vater reden hören. Als ich in einem Internat in England war und meine Mutter in Paris wohnte, sind wir beide in den Ferien oft nach Italien oder Spanien gefahren. In den größeren Städten haben wir die Museen besucht, und besonders in Italien sind wir oft gewesen. Dieses Leben haben wir auch nach der Heirat noch lange weitergeführt. Als dann Baron Kuffner gestorben war, wurden meine Mutter und ich noch engere Vertraute. Sie besuchte mich öfter in Houston. Baron Kuffner war in meine Mutter vernarrt. Während der Baron am Leben war, lebte meine Mutter so frei, wie sie wollte, sie kümmerte sich wenig um ihn. Aber nach seinem Tod verlor sie die Lebenskraft. Ganz im Gegensatz zu mir liebte meine Mutter Luxus, reiche Leute, schöne Leute, gutes Essen, teure Hotels. Um dies zu bekommen, hat sie alle ihre Kräfte eingesetzt. Das finde ich lobenswert. Am Haushalt hatte sie überhaupt kein Interesse, aber sie war eine Feinschmeckerin. Als sie mich in Houston besuchte, hat sie eine hervorragende Sauce gemacht. Es ist merkwürdig, daß ich nie wie andere Mädchen der Mutter gegenüber eine Trotzphase hatte. Das ist sicher mein großes Problem gewesen.«

Kizette erzählte, daß Tamara bis wenige Tage vor ihrem Tod, bis sie ins Koma fiel, mit dem Pinsel in der Hand vor der Leinwand gestanden hat. Sie kopierte »Die schöne Rafaela«, das Aktbild einer Prostituierten, das, wie Tamara mir sagte, ihr Lieblingsbild war.

Tamaras Wunsch entsprechend wurde ihre Asche über dem Krater des Popocatepetl ausgestreut.

Klaus Klöckner

Sophie Scholl

»ICH SEHE SIE NOCH VOR MIR, meine Schwester, wie sie... dastand, reisefertig und voll Erwartung. Eine gelbe Margerite vom Geburtstagstisch steckte an ihrer Schläfe, und es sah schön aus, wie ihr so die dunkelbraunen Haare glatt und glänzend auf die Schultern fielen. Aus ihren großen, dunklen Augen sah sie sich die Welt an, prüfend und doch mit einer tiefen, warmen Teilnahme. Ihr Gesicht war noch sehr kindlich und zart. Ein wenig von der schnuppernden Neugier eines jungen Tieres war darin und ein großer Ernst.«

So taucht ihr Bild auf in der Erinnerung der vier Jahre älteren Schwester Inge. Der Tag, den sie erinnert, lag schon über zehn Jahre zurück. Es war der 9. Mai 1942, Sophie Scholls einundzwanzigster Geburtstag, der Tag also, an dem sie, nach damaligen Gesetz, volljährig wurde. Und ganz unabhängig von diesem äußeren Datum: der Tag, an dem ein neuer, ein ganz anderer – ein sehr kurzer Lebensabschnitt begann. Reisefertig war sie für die Fahrt von Ulm nach München, neugierig auf andere Menschen und Erfahrungen, voll Erwartung, was das Studium bringen sollte. Aufbruch unter dem Zeichen der Hoffnung, so sah es aus, so erlebte sie es selbst. Was ließ sie hinter sich?

Da gibt es kaum etwas zu berichten, das sich abgehoben hätte von den frohen und schmerzlichen Erfahrungen anderer junger Menschen der damaligen Zeit. Aufschlußreicher wäre es, den Weg des drei Jahre älteren Bruders Hans zu betrachten: Erfahrungen mit der Welt zu machen, abenteuerliche und gefährliche, war, wie es von außen schien, mehr Sache der Jungen, der jungen Männer. Es war Krieg, und vorausgegangen war, auch wenn es viele nicht merkten, die Abrichtung für den Krieg. Hans, der sie jetzt in München erwartete, hatte den Frankreich-Feldzug als Sanitäter mitgemacht und gehörte nun als Medizinstudent einer Studentenkompanie an. Werner, der jüngste Bruder, war als Soldat in Rußland.

Fünf Geschwister waren sie; der Vater, Liberaler und Demokrat, war Bürgermeister einer Kleinstadt im Kochertal nördlich der Schwäbischen Alb, dann in Ulm, wo Sophie und ihre Geschwister die Höhere Schule besuchten: Kinder einer angesehenen, gutbürgerlichen Familie, religiös geprägtes Bildungsbürgertum.

Sophie war zwölf, als die Nationalsozialisten unter Hitler die Macht in Deutschland an sich rissen. Was das bedeutete, konnten die Heranwachsenden nicht begreifen – begriffen es denn die Erwachsenen? Da war von Heimatliebe, Volksgemeinschaft und Vaterland die Rede – was sollte daran schlecht sein? Heimat, das war für die Kinder im Hause Scholl etwas leicht Faßbares, hatte Namen und Gesicht, natürlich liebten sie ihre Heimat. Und Vaterland, das war gemeinsame Sprache, das waren die Lieder, die man von Kind an sang. Das alles und viel mehr sollte also nun von allen neu begriffen und weitergetragen werden. Begeisterung steckt an, flatternde Fahnen und singende Kolonnen im

Sophie Scholl

Gleichschritt können mitreißen – wer sah schon klar, wohin da marschiert wurde! »Wir waren mit Leib und Seele dabei«, erinnert sich Inge Scholl, »und wir konnten es nicht verstehen, daß unser Vater nicht glücklich und stolz ja dazu sagte.« Der Vater wollte dämpfen, warnen; er verglich Hitler mit dem »Rattenfänger von Hameln, der die Kinder mit seiner Flöte ins Verderben gebracht hatte«. Schwach ist die Flöte des Rattenfängers gegen Trommeln und Fanfaren, gegen das überwältigende Gefühl einer großen Kameradschaft, in der die Jugend ernst genommen zu werden schien.

Aber sehr rasch zerbrach, was einmal gläubige Hoffnung auf einen großen Aufbruch gewesen war; die dunklen Warnungen des Vaters begannen Wirklichkeit anzunehmen. Die »Sache mit den Juden« blieb auch den jungen Menschen nicht verborgen, und ein zunächst unverstandenes Wort nahm drohende Umrisse an: Konzentrationslager. Es gibt Dinge, die Grauen erregen können, ehe man sie begreift; und es gibt Vorgänge, die man überhaupt nicht begreift. Die so unbegreiflich sind, daß manche sich heute noch einreden wollen, sie könnten nicht wirklich gewesen sein.

Man mußte freilich auch damals schon Augen und Ohren verschliessen, wollte man von nichts etwas wissen. Im Frühjahr 1942 fanden die Scholls – und manche andere – vervielfältigte Texte im Briefkasten (und gelegentlich regneten sie als Flugblätter vom Himmel), Auszüge aus Predigten des Bischofs von Münster: Kardinal Graf von Galen war einer der wenigen, die es wagten, Nazi-Greuel öffentlich anzuprangern: die gewaltsame Auflösung der Klöster, die massenhafte Ermordung psychisch Kranker.

Und dieser Staat, von dem millionenfach Unrecht ausging, schmückte sich mit großsprecherischen Parolen und nahm die Menschen ausnahmslos in die Pflicht. Für Sophie hieß das, ehe sie mit dem Studium beginnen konnte, ein halbes Jahr »Reichsarbeitsdienst« und anschließend ebensolange »Kriegshilfsdienst«. Dienst leisten für einen solchen Staat, das stürzte einen denkenden und empfindsamen Menschen in schlimme Konflikte. In erzwungener »Gemeinschaft«, im Lagerleben, das kaum Spielraum für eigene Wege läßt, fand Sophie niemanden, mit dem sie wenigstens darüber hätte reden können. Die schützende – und doch selbst schon bedrohte – »Insel« der Familie war fern.

Das alles lag nun schon hinter ihr – im Mai 1942. So konnte sie das, was vor ihr lag, als Chance einer Freiheit erhoffen, die es zu erringen galt. Hans erwartete sie in München auf dem Bahnhof. Im Kreise seiner Freunde feierte man am Abend Geburtstag. Es war ein frohes und doch kein unbeschwertes Zusammensein. Auch von der Arbeit der Medizinstudenten in Lazaretten war die Rede, von Krieg und Tod. Und zum erstenmal – jedenfalls zum erstenmal so, daß sie darauf aufmerksam wurde – hörte sie das Wort »Widerstand«. Widerstand gegen einen Unrechtsstaat, den zu ertragen eigentlich Schuld bedeutete. So endete dieser zukunftsträchtige Tag, Sophies Geburtstag, der ihr letzter war.

DIE KOMMENDEN WOCHEN und Monate waren bedrängend erfüllt von Ereignissen und Taten, die nicht nur für die unmittelbar Beteiligten einmalig waren. Im Juni 1942 geschah, zunächst an der Münchner Universität, etwas Ungeheures: Flugblätter tauchten auf, in denen die Verbrechen des Nazi-Staats beim Namen genannt wurden. Die – scheinbare oder wirkliche – Teilnahmslosigkeit der Deutschen wurde angeklagt, passiver Widerstand gegen die

»braune Horde«, die »Diktatur des Bösen« wurde gefordert. An Zitaten aus Büchern, die auf ihres Bruders Schreibtisch lagen, erkannte Sophie sehr rasch, daß Hans an dem gefährlichen Unternehmen beteiligt war – und sie war nun Mitwisserin. Die Texte der vier Flugblätter der »Weißen Rose«, wie sich die Widerstandsgruppe nannte, die nicht nur in München, sondern auch in anderen Städten Süddeutschlands und Österreichs verteilt wurden, sind erhalten, man kann sie nachlesen. Es ist freilich schwer, sie richtig einzuschätzen, sie mit den Augen der damaligen Zeit zu lesen, zu begreifen, wie die Machthaber darauf reagieren mußten.

In den Semesterferien kamen die Medizinstudenten zum Fronteinsatz nach Rußland. Sophie fuhr nach Hause. Aber auch die Familie war keine »Insel« mehr, auf der man Ruhe finden konnte. Wegen »unvorsichtiger« Äußerungen – er hatte Hitler eine »Gottesgeißel« genannt – wurde der Vater denunziert und von einem »Sondergericht« zu vier Monaten Gefängnis verurteilt.

Im Spätherbst 1942, zu Semesterbeginn, trafen die Freunde wieder in München zusammen; die Angehörigen der Studentenkompanie kamen aus Rußland zurück. Die Mitglieder der kleinen Widerstandsgruppe, in ihrer Mitte der Professor für Psychologie und Philosophie Kurt Huber, wurden nun rastlos tätig. Im Keller eines Hinterhauses vervielfältigten sie Flugblätter und verteilten sie in München und anderen Städten. In jenen Wochen war schon der Name Stalingrad in aller Munde, mit dem sich bis heute das Gedächtnis an Hunderttausende verbindet, die durch verbrecherische Befehle sinnlos geopfert wurden.

Am 30. Januar 1943 war die Schlacht um Stalingrad zu

Ende. Wenige Tage später waren an vielen Stellen in München, besonders an der Universität, Inschriften zu lesen: »Nieder mit Hitler!« – »Hitler der Massenmörder« – »Freiheit«. Hans Scholl und Alexander Schmorell hatten das getan; und Sophie erfuhr davon, wollte mitmachen. Ungeheure Aufregung und Betriebsamkeit bei der Geheimen Staatspolizei. Freunde warnten Hans. Am 18. Februar legten Hans und Sophie in den Gängen der Universität über 1500 Flugblätter aus; einen Teil davon ließ Sophie vom zweiten Stock in den Lichthof des Eingangsgebäudes hinabflattern. Der Hausmeister beobachtete sie dabei. Hans und Sophie wurden verhaftet, kurz darauf ein weiteres Mitglied der Gruppe: Christoph Probst, Vater von drei kleinen Kindern, das dritte war gerade zur Welt gekommen. Die Geheime Staatspolizei hatte mit diesen Verschwörern keine schwere Arbeit. Die anfänglichen Versuche zu verschleiern, um zu überleben, scheiterten rasch. Dann ging es nur noch darum, andere zu schonen, möglichst viel »Schuld« auf sich zu laden. Alle, die mit diesen jungen Widerstandskämpfern zu tun hatten und später darüber aussagten, berichten von einer bewundernswürdigen Tapferkeit, ja Gelassenheit. Nur der 23jährige Vater bat um sein Leben: um seiner kleinen Kinder willen.

DIE VERHANDLUNG des »Volksgerichtshofs« leitete Roland Freisler, dessen entsetzliches Gebrüll, wenn wir es heute aus Aufzeichnungen vernehmen, ein Zeichen ist für die Unsicherheit des Terror-Regimes angesichts der Tapferkeit äußerlich Wehrloser. »Allen Gewalten zum Trotz sich erhalten«, dieses Goethe-Wort schrieb Hans an die Wand seiner Zelle. Über ihre Schwester berichtet Inge Scholl:

»Sophie hatte in diesen letzten Nächten, sofern sie nicht vernommen wurde, den festen Schlaf eines Kindes.«

Die Haltung der Verurteilten erschien allen, die ihnen in den letzten Stunden begegneten, wie etwas Unerklärliches. Die Eltern durften sie noch einmal besuchen, eine große Ausnahme, und die Gefängniswärter handelten gegen strenge Vorschrift, als sie die drei unmittelbar vor der Hinrichtung noch einmal kurz zusammenführten. In Sophies Zelle blieb die Anklageschrift zurück, darauf hatte sie ein Wort geschrieben: »Freiheit«. Aus dem Bericht der Wärter: »Dann wurden sie abgeführt, zuerst das Mädchen. Sie ging, ohne mit der Wimper zu zucken. Wir konnten alle nicht begreifen, daß so etwas möglich war. Der Scharfrichter sagte, so habe er noch niemanden sterben sehen.« Hans rief, ehe er starb: »Es lebe die Freiheit!« Sie fielen unter dem Fallbeil. Es war der 22. Februar 1943. »Durch ihren Verrat an unserem Volk«, heißt es in der entsetzlichen Sprache des Urteils, »haben die Angeklagten ihre Bürgerehre für immer verwirkt.«

Schulen und Straßen sind heute nach den Geschwistern Scholl benannt; ihre Namen stehen auch für die vier anderen, die mit ihnen oder kurz danach hingerichtet wurden. »Sie haben nichts Übermenschliches unternommen«, sagt Inge Scholl. »Sie haben etwas Einfaches verteidigt, sie sind für etwas Einfaches eingestanden, für das Recht und die Freiheit des einzelnen Menschen, für seine freie Entfaltung und sein Recht auf ein freies Leben.«

Dieses »Einfache«, das Ausdruck eines tiefen Glaubens war, hat Sophie Scholl kurz vor ihrem Tod so erklärt: »Was liegt an meinem Tod, wenn durch unser Handeln Tausende von Menschen aufgerüttelt und geweckt werden.« Haben wir diese Hoffnung erfüllt?

Gabriele von Armin

Gisèle Freund

WENN MAN SIE ANSIEHT UND IHR ZUHÖRT, bekommt man auf einmal Lust, alt zu werden, bekommt Lust zu leben, alles zu leben, und die Erinnerungen auch im Gesicht zu bewahren. Denn das Gesicht dieser Frau ist wie ein Buch, in dem man lesen kann. Viele Geschichten stehen darin. Es ist wie sie. Sie erzählen beide, die Frau und ihr Gesicht.

Gisèle Freund, vermutlich 85 Jahre alt, die Daten ihrer Geburt sind mannigfaltig, ist …, ja sie ist so vieles, daß die Sätze, mit denen sie beschrieben wird, meist zeilenlang geraten.

Sie ist Fotografin, die erste freie Fotografin, die von *Life* engagiert wurde, die erste Frau, die für die legendäre von Robert Capra und Henri Cartier Bresson gegründete Agentur Magnum arbeitete. Und sie ist promovierte Soziologin, wiederum die erste, die eine Arbeit zum Thema Fotographie und bürgerliche Gesellschaft schrieb. Sie ist preisgekrönt und hochgeehrt, ist »Officier des Arts et Lettres«, »Chevalier de la Légion d'Honneur«, »Officier du Mérite«. Weltweit sind ihre Fotografien gezeigt worden. Eine »Psychologin des Auges« hat ein Kritiker sie einmal genannt.

Und doch sind ihre Fotos berühmter als sie. Nicht jeder

kennt ihren Namen, aber fast jeder, der sich für Literatur und Kunst interessiert, hat die Porträtaufnahmen gesehen, die sie von Virginia Woolf, von James Joyce, George Bernard Shaw oder Frida Kahlo gemacht hat. Sie ist eine Tochter aus sogenanntem guten Hause, die in der Welt herumgekommen ist und herumgestoßen wurde: als Flüchtende und Verfolgte, als Globetrotterin und Reporterin. Das unruhige Leben einer alleinstehenden Frau in einem beunruhigenden Jahrhundert.

»Ich wurde in Berlin geboren«, beginnt ihre Autobiographie, »und wuchs dort auf, wo meine Eltern immer schon lebten.« Lakonische Wehmut angesichts dessen, was es auch einmal gab, Beständigkeit.

Sie wächst in der behaglichen Liberalität des Großbürgertums auf. Ihr Vater hat Geld und Geist. Er sammelt Kunst. Max Slevogt hat den Vater porträtiert. »Ich habe immer in Bildern gelebt, die ganze Wohnung hing voller Bilder. Romantische Bilder des 19. Jahrhunderts waren es hauptsächlich. Ich habe viele Maler der Zeit kennengelernt, die bei uns ins Haus kamen, sie waren Freunde meines Vaters. Und schon als ganz kleines Kind hat mein Vater mich in jedes Museum geschleppt.«

»Einen guten Maler«, erklärt Julius Freund seiner Tochter, »erkennt man an der Art, wie er Luft malt«. Diesen Satz hat Gisèle Freund bis heute nicht vergessen. »Er hat sich in mein Gedächtnis geheftet.« Tochter-Erinnerungen.

Seine Handelsgeschäfte habe er nicht mit Freude betrieben, meint sie, er sei kein Kaufmann gewesen. Aber er betrieb sie offenbar mit Erfolg – sonst hätte er seinem Hobby kaum so ausgiebig frönen können. Oft sitzt er Stunden in seinem Zimmer, um seine Bilder, seine graphische Samm-

Giséle Freund vor einem ihrer Selbstportraits

lung zu betrachten. Ein kunstsinniger Mann, der es für ausgeschlossen hält, daß einer wie Hitler an die Macht kommen könnte.

Julius Freund ist ein deutscher Jude, der den Trugtraum von der Symbiose träumt. Fast wäre er nicht rechtzeitig wach geworden. »Diese Generation«, sagt Gisèle Freund heute im Rückblick, »hat das, was geschah, nicht ernst genommen. Mein Vater hatte im ersten Weltkrieg gedient. Er gehörte zu denen, die das Stramm-Stehen gut fanden, nach dem Motto mein Sohn wird nichts werden, wenn er keinen Militärdienst gemacht habt. Er fühlte sich sicher. ›Du wirst noch im Gefängnis landen‹, hatte er mich gewarnt, als ich anfing, die Nazis zu bekämpfen. Wer ins Gefängnis kam, war meine Mutter. Aber das ist eine andere Geschichte.«

DOCH NOCH LEBEN SIE UNGEFÄHRDET, politisch ungefährdet. Als Kind hat Gisèle Freund Kinderlähmung.

»Ich habe mein ganzes Leben lang geglaubt, die Bananen wären schuld an meiner Krankheit.«

Die alte Dame lacht dieses herrliche, selbstvergessene Lachen jener, die heute viel zu viel Wahrheit wissen und den Rückblick in kindlich-unschuldige Phantasien genießen.

Wenn Gisèle Freund erzählt, ist sie meist vergnügt. So auch jetzt. »Wissen Sie, als der erste Weltkrieg ausbrach, sagte mein Vater: ›Hier hast du eine Banane. Es ist die letzte, die du für viele Jahre essen wirst.‹« Als es tatsächlich keine Bananen mehr gibt, wird sie krank.

»Mein Bruder wurde gleich weggeschickt, zu meinem Großvater in dessen Villa. Und ich hatte eine Frau, eine Krankenschwester, die mir aufwartete, sagt man so? Meine

Mutter kam auch jeden Tag in mein Zimmer. Es war eine furchtbare Zeit. Meine Mutter hatte die Idee, daß man Kinder nicht küssen darf, damit sie keine Krankheiten bekommen. Das war damals die Mode. Man soll Kinder nicht so viel küssen, weil so viele Bakterien in der Luft herumschweben. Ich habe gedacht, sie haßt mich. Bis zu meinem 20. Lebensjahr habe ich geglaubt, daß sie nicht meine Mutter ist.
Mein Vater war das Gegenteil, ein ganz zärtlicher Mann, und ich habe alle Liebe, die ich bekam, von meinem Vater gehabt. Meine Mutter empfand ich als kühl lächelnd und taktisch. Ich war sehr unglücklich.«
Sie ist 85 Jahre alt und noch immer verletzt – »ich hab' immer gedacht, sie haßt mich«.

SIE ÜBERWINDET die Kinderlähmung mit schmerzhaften Therapien und eisernem Willen. »Ich wurde immer abwechselnd in warmes und kaltes Wasser getaucht. Es war furchtbar anstrengend. Die Ärzte haben mir prophezeit, daß ich im Alter meine Muskeln verlieren würde. Ich habe sie immer ausgelacht. Aber sie scheinen recht zu behalten«, – sagt es und lacht.
Sie geht am Stock und haßt es. Gebrechen haben in ihrem Leben nichts zu suchen. Und wenn man sie schon nicht fortschicken kann, muß man eben versuchen, sie wegzulachen. Unterwerfung ist ihre Sache nicht.
Als das junge Fräulein Freund, wie es sich schickte, in eine Frauenschule gesteckt wird, »wo man gelernt hat, wie man Kinder wiegt und ihnen Nahrung gibt und solche, na ja, solche Hausarbeiten«, lehnt sie sich auf. Sie besteht darauf,

Abitur zu machen. Sie will an die Universität. Die Eltern lehnen es ab, ihr zu helfen. »Mein Sohn studiert doch schon«, widerspricht der Vater. Da geht sie und beginnt ihr eigenes Leben.

»Es gab damals in Berlin eine einzige Schule, auf der begabte Arbeiterkinder Abitur machen konnten. Die war irgendwo in Neukölln. Da bin ich hingegangen und habe erklärt, ich will studieren und brauche deshalb das Abitur. Weil ich aber schon ein Jahr mit der Kinderlähmung verloren hatte und ein zweites wegen etwas anderem, mußte ich unbedingt zwei Jahre überspringen. Ich wußte genau, ich konnte das schaffen. Denn der Unterschied zwischen mir und den anderen Kindern war der, daß ich gereist war, daß ich in Museen gewesen war, daß ich nach England in eine englische Familie geschickt worden war und fließend englisch sprach. Die Direktorin hat nur gelacht und gesagt ›Versuchen Sie's‹, mit diesem Unterton, ›das ist ja lächerlich‹. Die konnte ja nicht wissen, daß das für mich alles furchtbar einfach war.«

Natürlich schafft sie das Abitur, schafft es glänzend, allerdings mit einer Fünf in Mathematik. Und der Vater schenkt ihr – sozusagen als Versöhnungsgabe – eine Leica zur bestandenen Prüfung. Er muß sehr stolz gewesen sein auf seine energische Tochter.

Gleich nach dem Abitur geht sie nach Freiburg, um Soziologie und Kunstgeschichte zu studieren. Einmal sei sie bei diesem Philosophen in Försteruniform gewesen, Heidegger, und der habe davon geredet, wie »das Sein aus dem Nichts komme und das Nichts aus dem Sein.« »Das war nichts für mich.«

Sie geht nach Frankfurt, studiert Soziologie bei Karl Mann-

heim. Sein Assistent, der sie immer mit ihrer Kamera herumlaufen sieht, schlägt ihr vor, eine Doktorarbeit über die gesellschaftliche Bedeutung der Fotografie zu schreiben. Sein Name ist Norbert Elias.
In Frankfurt gehört sie dem Sozialistischen Studentenbund an, und als die Nazis immer mehr werden und schließlich die Macht ergreifen können, verfaßt sie mit Freunden eine hektographierte Untergrundzeitschrift. Von Anfang an erkennt sie die Nationalsozialisten als Gefahr und hat den Mut, sie zu bekämpfen.

AM MORGEN DES 30. MAI 1933 trifft sie zufällig auf der Mainzer Landstraße einen städtischen Beamten, den sie kennt. Er ist erstaunt, sie zu sehen, und flüstert ihr zu, daß sie und ihre Freunde in großer Gefahr seien. Sie nimmt seine Warnung ernst. »Eine meiner besten Freundinnen war bereits verhaftet worden, als sie unsere Zeitschrift an Studenten verteilte. Ihr Sarg wurde den Eltern mit dem Verbot geschickt, ihn aufzumachen.«
Noch am selben Abend sitzt sie im Zug nach Paris, mit ihrer Kamera, mit einem Pyjama und den Papieren für ihre Doktorarbeit in einem kleinen Koffer, der sie noch auf anderen Fluchten begleiten wird.
»Ich saß im Coupé, Holzklasse natürlich, und dachte, wenn nur die Nazis nicht hereinkommen. Und auf einmal höre ich, wie Türen aufgerissen und zugeschlagen werden. Ich höre die Nagelschuhe dieser Leute. Ich hatte furchtbare Angst, Todesangst. Und dann kamen sie. ›Ihre Papiere‹. Ich erklärte, daß ich für drei Monate nach Frankreich wolle, um für meine Doktorarbeit zu recherchieren, da die Foto-

grafie ja in Frankreich erfunden worden sei. Auf einmal die Frage: ›Sind Sie Jüdin?‹ Und dann habe ich im Ton meines Vaters, der so ein wunderbarer deutscher Bürger war, die Männer angeschnauzt: ›Haben Sie schon je von einer Jüdin gehört, die Gisela heißt?‹« Sie schleudert die Worte wie Wurfgeschosse in den Raum. So, wie sie es wohl auch damals tat, mit dem Mut der Angst. »Sie entschuldigten sich erschrocken, salutierten mit Heil Hitler und verschwanden. Der Zug setzte sich in Bewegung, und es regnete – es war ein schrecklicher Tag.«

SEIT FAST SECHZIG JAHREN heißt die Jüdin Gisela nun Gisèle und lebt seit vierzig Jahren in der Stadt, in der sie am nächsten Morgen aus dem Zug steigt. Um sechs Uhr steht sie bleichgesichtig vor der Tür einer Amerikanerin, die sie von früheren Besuchen her kennt. »Ihr Mann war einer der Führer der Linken, und der hat gleich gesagt, ›leg dich hin‹ und mich mit seinem Mantel zugedeckt. Ich bin sofort eingeschlafen und erst wieder aufgewacht, als er seinen Mantel brauchte, um ins Büro zu gehen. Am nächsten Tag habe ich mir ein Zimmer gemietet.«

Sie kennt ein paar Leute, schreibt ihre Dissertation zu Ende, fotografiert, um Geld zu verdienen. Das erste Foto, das sie verkauft, ist ein Zufallsfoto – ein totes junges Mädchen, das aus der Seine gefischt wird.

Sie spielt Schach mit Walter Benjamin – »er hat sich jedesmal furchtbar geärgert, wenn ich gewann«. Nie spricht er mit ihr über seine Arbeit – »er hatte immer Angst, daß man ihm seine Ideen stehlen könnte« –, nie wagt sie es, dem großen, berühmten Mann von ihrer Doktorarbeit zu erzählen.

Sie promoviert an der Sorbonne. Und als die Arbeit als Buch veröffentlicht wird, interessiert sich auch Walter Benjamin dafür, liest das Werk, lobt es sogar in der *Zeitschrift für Sozialforschung*.

Sie fotografiert auch das, womit sie kein Geld verdient: Schriftsteller, deren Werke sie gelesen hat, für die sie sich interessiert. Schon bald nach ihrer Ankunft hat sie Adrienne Monnier kennengelernt, deren Buchhandlung *La Maison des Amies du Livre* Treffpunkt der Literaten ist. Sie ist ihr eine mütterliche Freundin geworden, mit der sie kocht und ißt und redet und durch die sie die Schriftsteller kennenlernt, die sie porträtieren wird. Paul Valéry ist der erste, den sie fotografiert.

»1938 habe ich den Farbfilm entdeckt. Das erste Foto machte ich von dem Schaufenster eines Friseurs, das zweite von einer kleinen Bedürfnisanstalt, das dritte vom Rotgelbgrün einer Verkehrsampel und das vierte von Paul Valéry.«

Angst oder Scheu haben sie nie davon abhalten können, das zu versuchen, was sie erreichen wollte. Im Jahre 1939 fotografiert sie etwa 80 Schriftsteller: André Malraux, Jean Cocteau, Paul Eluard, André Breton, Jean-Paul Sartre, André Gide, Colette. Die Liste ließe sich weiterschreiben. Geld verdient sie mit keinem dieser Porträts. Es gibt kaum Zeitschriften, die Farbe drucken. Aber sie wird bekannt, gerühmt und bald auch von jenen empfangen, die sich nur selten vor die Kamera setzen lassen.

Für das amerikanische Nachrichtenmagazin *Time* fotografiert sie sogar James Joyce in Farbe. Es werden hinreißende Fotos, die durch die ganze Welt gehen. In weinroter Samtjacke und mit beringten Fingern läßt sich der Meister ungern und eitel zugleich von ihr ablichten. Ein gelehrter

Dichter setzt sich in Pose. Auch George Bernard Shaw hat seine eigene unwillige Eitelkeit, »don't cut my beard«, warnt der über 80jährige die junge Fotografin, und sie tut genau das, schneidet seinen langen, eisgrauen Bart ab. Sie wagte nicht, ihm das Foto zu schicken.

ER WÄRE NICHT DER ERSTE GEWESEN, der unzufrieden gewesen wäre mit dem, was er gesehen hätte. »Jeder fand die Bilder der anderen wunderbar und nur sein eigenes schrecklich. Das ist natürlich psychologisch erklärbar. Ich habe das bald durchschaut. Man glaubt sich zu kennen und kennt sich überhaupt nicht. Jeder sieht sich besser und schöner als er ist. Und im Grunde sehen wir uns doch nie. Ich sehe Sie, wie Sie sich nie sehen können. Wir sehen uns selbst doch immer nur seitenverkehrt im Spiegel. Und natürlich ist man sehr nett mit sich. Jeder Mensch sagt, im Grunde bin ich ein anständiger Mensch – auch, wenn er es nicht ist. Man will sich gar nicht wirklich sehen.«
Das hat sie oft erlebt. »Den haben Sie so wunderbar fotografiert, und mich haben Sie überhaupt nicht gesehen« – ist einer der Sätze, die Gisèle Freund immer wieder zu hören bekommt. »Die mutigsten Männer«, sagt sie können es nicht ertragen, sich selbst zu sehen. Die meisten Schriftsteller hassen ihr Gesicht."
Und wenn Gisèle Freund sie fotografierte, suchte sie nach dem wahren Gesicht. »Ein Porträt scheint mir gelungen, wenn man in ihm die Persönlichkeit des Fotografierten und nicht die des Fotografen wiederfindet. Das Schwierige daran ist doch, etwas aus einem Menschen herauszuholen, das herauszuholen, was wirklich in ihm steckt. Jedesmal,

wenn ich ein Porträt machte, war ich todmüde hinterher, erschöpft.«

Adrienne Monnier hat einmal einen wunderbaren Aufsatz über Gisèle Freund geschrieben. »Im Reich der Gesichter« heißt er.

»Ich komme eben von einer Reise in das Land der Gesichter zurück. Eine große Reise mit Gisèle Freund ... Schriftsteller, Dichter, Sprachschöpfer, Randfiguren; sie sind die zerklüftesten Landschaften im Reich der Gesichter, die fremdartigsten, die dem gegenwärtigen Schönheitsideal am wenigsten entsprechen ... Als Sartre all diese Gesichter, darunter auch das seine, vorüberziehen sah, sagte er mit Recht: ›Wir sehen aus, als kämen wir vom Krieg zurück.‹ ... Ja, meine Reise mit Gisèle Freund war ein großes Abenteuer. Zumal sie eine stolze Fotografin ist, die nichts vertuscht. Sie nicht. Teriade sagte ihr, als er ihre Porträts betrachtete: ›Sie haben sie jetzt einmal überrascht und ihnen diesen Streich gespielt, aber ein zweites Mal werden sie es nicht zulassen.‹«

Teriade irrte. Alle lassen sich von Gisèle Freund fotografieren, auch zum zweiten und dritten Mal. Es siegt die Eitelkeit über die Furcht, die Furcht davor, sich entdecken zu lassen.

Denn sie wollte immer hinter die Maske der Menschen, wollte Gesichter enträtseln.

»Wir tragen alle eine Maske, weil diese Gesellschaft das will. Man kann seine Gefühle nicht preisgeben, zeigt nicht seine Gedanken. Man lernt doch schon als Kind, sich zu verstecken. Man sagt, du ißt nicht mit dem Messer, du mußt die Gabel so benutzen, halt deinen Mund. Ich entsinne mich meiner Jugend sehr gut. Jeder Mensch ist durch diesen Prozeß gegangen, ob er reich oder arm war. Als Kind muß man sich dem einfügen, was man vorfindet. Und das ist eben eine Welt, die schon falsch ist... Weil wir nicht allein auf der Welt sind, sondern umgeben von anderen Menschen, können wir unseren Gefühlen nicht so Ausdruck geben, wie wir gern möchten. Das ist der Grund, warum das Gesicht zu einer Maske wird, die kaum sichtbar ist, die aber für jeden Menschen existiert. Sie ist die Hülle des Menschen.«

NEUGIERIG ist Gisèle Freund bis heute geblieben. Auch neugierig auf sich selbst. Manchmal scheint es, als lausche sie erstaunt und erfreut ihrer eigenen Geschichte, ihren eigenen Worten, als gebe es auch für sie noch immer Neues in sich zu entdecken.

Fotografieren heißt für Gisèle Freund eben nicht, Gesichter abzulichten, es heißt, sich zu begegnen. Wenn sie die Schriftsteller fotografierte, hatte sie stets deren Werke gelesen, wollte und konnte mit ihnen darüber reden – was jene erstaunte und ihnen schmeichelte. »Jeder Mensch liebt am liebsten sich selber«, sagt sie, »es ist der Wunsch aller Schriftsteller zu erzählen, was sie tun, eine ideale Situation für den Fotografen, weil sie ihn übers Reden vergessen.« Und das, sagt sie, sei wichtig, denn, so habe es André Gide einmal geschrieben, wer sich beobachtet fühlt, beobachtet sich.

Leider habe es ja damals noch keine Tonbänder gegeben, sie habe so viel gehört und sich doch gar nicht auf das Gehörte konzentrieren können, weil sie immer nur das Gesicht beobachtet habe, die Augen, den Mund. »Seinen Mund kann ein Mensch am wenigsten verstellen.«

»KULTUR IST DIE BASIS von allem«, erklärt Gisèle Freund mit dem unzerbrechlichen Bewußtsein der Bildungsbürgerin – und sie ist entsetzt, wenn sie feststellt, daß junge Kollegen ungebildet sind.
Kein Wunder, daß Schriftsteller sich gern den Augen dieser Frau aussetzten und sich zugleich vor dem Ergebnis fürchteten. Eitelkeit, Neugier und die Angst vor dem eigenen nackten Gesicht haben gewiß miteinander gestritten.
»Wer mein Gesicht sehen will«, hat Henri Michaux einmal gesagt, »der braucht nur meine Bücher zu lesen. Mein wahres Gesicht ist in meinen Büchern.«
Gesichter fotografisch zu enträtseln. Ist das nicht auch indiskret?
Die Frage kennt sie. Natürlich sei ihre Fotografie auch indiskret gewesen. Aber ein schlechtes Gewissen habe sie nicht. Trotz der Vorwürfe, die sie auch bekam, weil sie die Menschen in ihrer Verwundbarkeit zeigte, sie entblößte. Virginia Woolf z.B., die sie 1939 in London fotografiert, Schwermut und Weltenferne im Blick, eine Leidende, die sich ein Jahr später den Tod geben wird. Virginia Woolf als Pietà. »Man hat mir vorgeworfen, ich hätte sie vergewaltigt.«

GISÈLE FREUND macht keine Zugeständnisse an Eitelkeit oder Konvention. Kein einziges Porträt wird je retuschiert. Sie weigert sich, Trugbilder zu machen, um Geld zu verdienen. Selbst bei kleinen Aufträgen, bei unbekannten Menschen bleibt sie kompromißlos. Als sie anfängt zu fotografieren, hilft der Portier ihres Hotels ihr, Klienten zu finden; der Schuster will ein Bild von seinem dicken Baby, die Wäscherin eines von ihrem Sohn, der Weinhändler ein

Porträt für seine Frau. Sie bleiben unzufriedene Kunden. Sie wollen nicht die Wahrheit, sie wollen schöne Bilder. Und genau die liefert ihnen diese Fotografin nicht. Es muß eine schlechte Fotografin sein.

Ihren Lebensunterhalt bestreitet Gisèle Freund deshalb mit Reportagen. Die erste erscheint noch unter einem Pseudonym. Es war unter der Würde einer Soziologin, sich als Fotografin zu betätigen. »Ein Fotograf war ja nichts.« Als sie Jahre später Max Horkheimer, den sie von früher kennt, in der Schweiz besucht, er sie fragt, was aus ihr geworden sei und sie antwortet: »Fotografin«, sagt er sichtlich enttäuscht: »Nichts ist also aus Ihnen geworden.«

Sieben Jahre bleibt sie in Paris, lebt mit einem Freund zusammen, den sie sehr liebt: »Ich wollte so gern ein Kind haben, aber er hat gesagt, das ist Wahnsinn, das können wir uns nicht leisten. Er war so einer, der gerne wandert, der von einem Ort zum anderen geht.«

1940 mußte auch sie wieder ›wandern‹, muß vor den Deutschen fliehen. Im Morgengrauen verläßt sie auf einem Fahrrad die Stadt – auf dem Gepäckträger derselbe kleine Koffer, mit dem sie 1933 hier ankam. Zwei Jahre lebt sie in Südfrankreich.

1942 ist sie wieder auf der Flucht, dieses Mal entkommt sie nach Argentinien. Auch dort hat sie, Gott sei Dank, Freunde. Und sie hat Aufträge. Sie reist nach Chile, Peru, Bolivien, Brasilien, Ecuador, fotografiert jene, die in Elend und Not leben, wagt sich in die Wildnis von Tierra del Fuego. Sie schreibt die Reportagen selber. Erst als sie bemerkt, daß sie für ihre Texte keine zusätzlichen Honorare bekommt, legt sie sich einen Begleiter zu. John Anderson heißt der Mann, der jetzt für sie schreibt und der für seine Arbeit bezahlt wird. Auch das erzählt sie mit großem Vergnügen. Denn diesen John Anderson hat es nie gegeben. Sie hat ihn erfunden, um an ihr Geld zu kommen.

In Südamerika ist sie oft monatelang unterwegs. So reist sie z. B. auf die winzige Insel Picton in Patagonien, auf der der südlichste Viehzüchter der Welt lebt. Eine abenteuerliche Reise – per Schiff, zu Pferde, zu Fuß.

»Ich muß sagen, ich hatte eine wunderbare Gesundheit. Na ja, das Pferd hat aber sofort gemerkt, daß ich keine Kraft in meinen Beinen hatte wegen der Kinderlähmung und ist mit mir durchgebrannt; dann mußte man mich mit Stricken festhalten, auf der einen Seite war der Abgrund, auf der anderen Seite war die Felswand. Ich hatte überhaupt keine Angst. Vor nichts. Ich habe nie Angst gehabt.Während sie in Südamerika war, konnten ihre Eltern aus Deutschland fliehen; sie lebten in London.

1950 bekommt Gisèle Freund den Auftrag, eine Reportage über das Regime des General Perón zu machen. Wenn möglich, solle sie auch Evita fotografieren. Die Señora läßt sich lange bitten. Doch dann gelingt es Gisèle Freund, die gefräßige Eitelkeit der Diktatorgattin zu füttern, sie hat wunderschöne Fotos von Evita in großer Abendrobe gemacht. Sie darf wiederkommen, ihr wird Einlaß in die privaten Gemächer gewährt. Evita Peron schwelgt in sich, Gisèle Freund fotografiert: Evita beim Kämmen ihrer blonden Haarpracht, Evita und ihr Kleiderschrank, Evita vor dem geöffneten Schmuckkoffer, in dem Dutzende von kostbaren Ringen in seidenem Futter liegen. Frau Perón war begeistert von den Fotos. »Die ganze Welt soll sehen, was ich besitze«, rief der selbstverliebte »Engel der Armen«. Doch der ebenfalls anwesende Informationsminister war klüger als die Herrscherin. Um Mitternacht klingelt bei Gisèle Freund das Telefon. «Ich erwarte Sie morgen früh im Ministerium, mit allen Negativen. Dies ist ein Befehl. Die Fotografin verspricht zu kommen. Um 7 Uhr am nächsten Morgen sitzt sie mit ihren Bildern im Flugzeug nach Montevideo. *Life* veröffentlicht die Reportage, die einen Skandal auslöst. Es kommt zu diplomatischen Verstimmungen zwischen den Vereinigten Staaten und Argentinien, *Life* wird in Argentinien verboten, und Gisèle Freund hat Einreiseverbot.

Die Ironie der Geschichte will es, daß auch die USA ihr wenige Jahre später ein Besuchervisum verweigern. Sie hat zu viele »linke« Freunde, hat zu viele »linke« Reportagen veröffentlicht. Sie steht auf der schwazen Liste des Kommunistenjägers McCarthy. Prompt läßt Magnum sie fallen. Die Agentur schickt ihr alle Fotos zurück, streicht sie aus der Kartei, löscht sie aus, verschweigt sie.

»In der maßgeblichen Geschichte der Fotografie«, schreibt Hans Puttnies in einem Essay über die Fotografin, »kommt Gisèle Freund nicht vor«.

Dieser feige Verrat der Freunde schmerzt sie noch heute.

Und auch aus der Bitterkeit solcher Erfahrungen ist wohl das Credo der alten Frau erwachsen, daß das Wichtigste im Leben Freundschaft und Liebe seien. »Das ist der Grund, warum man leben kann, das einzige, was das Leben wert macht.«

Seit 1953 lebt Gisèle Freund wieder in Paris. Deutschland wollte sie zunächst nicht einmal besuchen. »Du kannst die Vergangenheit nur überwinden, wenn du sie kennst«, hat ihr eine Freundin gesagt. Da ist sie nach Berlin gefahren, hat die Stadt in Trümmern gesehen, hat Freunde von früher getroffen und war von deren Schicksal erschüttert. Aber sie hätte nie mehr dort leben können. »Man hat mir alles angeboten. Wollen Sie in einer Zeitung arbeiten? Wollen Sie Professor sein? Wollen Sie dieses oder jenes? Und ich habe gesagt, es tut mir leid, ich kann das nicht.«

Von Wiedergutmachung wollte sie nichts hören. Keinen Pfennig hat sie genommen.

Gisèle Freund ist eine Frau mit Prinzipien. Eine, die immer nur ihren eigenen Weg gegangen ist. »Heute glaubt man an nichts mehr«, sagt sie. Sie ist alt, was soll sie sich aufregen – und tut es doch. Denn auch sie hat Illusionen verloren. Es gab einmal eine Zeit, in der sie glaubte, daß man durch »das Schildern von Zivilisationen« dazu beitragen könne, Klischees und Vorurteile zu überwinden. »Das ist eine fromme Lüge«, sagt sie heute, »das ist alles nicht wahr. Ich habe das wirklich geglaubt, auch darum bin ich Fotografin geworden. Ich dachte, wenn man sieht, daß alle Menschen Kartoffeln essen, daß alle Menschen lieben, daß es auf der ganzen Welt Freundschaft gibt, daß... Alles Unsinn, nicht wahr? Der Nationalismus ist das schlimmste Unheil der Menschheit. Wir werden ja sehen, wie die Wahlen bei Ihnen und bei uns werden. Nach rechts, nach rechts, nach rechts.

Heute fotografiert sie nicht mehr. Sie ordnet ihre Bilder und kommt endlich zum Schreiben. »Denn eigentlich«, sagt die weltberühmte Fotografin, »wollte ich ja Schriftstellerin werden«.

Barbara Ungeheuer

Beate Klarsfeld

SIE BRINGT die vergoldeten Mokkatäßchen, das Naschwerk in Silberschale, streichelt die beiden knurrenden Collies und fragt Tochter Lida, was sie sich zum Mittagessen wünscht. Beate Klarsfeld in einem blitzsauberen, hochpolierten Puppenhaus, voller verschnörkelter Stilmöbel à la française und venezianischen Grandezza-Szenen in Öl.
Ich denke an die vielen Zeitungsfotos, die ich in 19 Jahren von ihr gesammelt habe: Beate Klarsfeld bei ihrer Festnahme in Berlin, Beate Klarsfeld vor dem Kölner Untersuchungsgefängnis, Beate Klarsfeld in Ketten auf einer Gartenbank in La Paz oder, vor kurzem, mit Blumenbukett beim Barbie-Prozeß in Lyon.
Zu dieser Bilder-Collage will die mir gegenübersitzende perfekte Hausfrau nicht recht passen. Sie lächelt knapp, als ich ihr sage, nur zweimal in den beiden Jahrzehnten, die ich im Ausland verbracht habe, sei es vorgekommen, daß Menschen mir, als einer Deutschen, spontan die Hand geschüttelt hätten: in Paris 1968 nach der Ohrfeige, die sie dem Kanzler Kurt-Georg Kiesinger wegen seiner Nazi-Vergangenheit verabreichte, und später in New York nach Willy Brandts Kniefall am Mahnmal des Warschauer Gettos. Sie weiß, daß diese beiden, bis heute in Deutschland noch

immer umstrittenen Gesten im Ausland weit über die reine Symbolik hinaus Wirkung hatten. Durch den Akt dieses Backenstreichs begann sich das Deutschlandbild zu differenzieren. Eine junge deutsche Frau hatte das auch noch 20 Jahre nach Kriegsende weitverbreitete Bild der in Reih und Glied marschierenden deutschen Herde durcheinander gebracht.

Ihre Enttäuschung über die deutschen Studenten, die ihre Tat damals bejubelten, ist spürbar geblieben. »Leider konnte ich keine Mitstreiter gewinnen. Der 68er-Generation war die Dokumentensammelei viel zu mühselig, obwohl es die Voraussetzung dafür war, daß den inzwischen wieder zu Ehr' und Gut gekommenen Schreibtischmördern der Prozeß gemacht werden konnte.« Die Studenten hätten die Gesellschaft verändern wollen, ohne bereit gewesen zu sein, die notwendige Vorarbeit dafür zu leisten, meint Beate Klarsfeld. »Gegen den amerikanischen ›Faschismus‹ in Vietnam oder für die Rechte der Palästinenser zu demonstrieren war einfacher, als sich mit den eigenen Vätern auseinanderzusetzen. Es war leichter, die Väter zu verachten, als ihnen Rechenschaft und Sühne abzuverlangen.«

Warum hat sie sich, die gebürtige Berlinerin und Tochter eines Wehrmachtsoldaten, die 1960 als unbedarftes Au-pair-Mädchen nach Paris kam, diese Mühe des Aufdeckens ungeahndeter Nazi-Verbrechen zur Lebensaufgabe gemacht? Sie zeigt auf das Foto ihrer verstorbenen französischen Schwiegermutter: »Ihren Mann haben die Deutschen in Auschwitz ermordet, aber die Verantwortlichen für die Deportation von 80000 französischen Juden sollten straffrei unter uns leben dürfen. Das ist eine Verhöhnung der Opfer und ihrer Kinder.« In dem Gesicht der 48jährigen,

Beate Klarsfeld

unter dem kurzgeschnittenen rötlichen Haar, scheint die Zeit erstarrt, ein Gesicht wie ein Schild, undurchlässig. Ihre Stimme klingt leidenschaftslos. Sie redet nicht gern, viel lieber holt sie aus dem Nebenzimmer und später in der Anwaltskanzlei ihres Mannes Serge Dokument auf Dokument – das Lebenswerk des Ehepaars Klarsfeld.

Die in jahrelanger Archivarbeit zusammengestellte Namensliste der ermordeten französischen Juden, ein Werk so dick wie das Pariser Telefonbuch, ist weit mehr als ein geschichtliches Zeugnis. Aus den so oft im Fernsehen gezeigten Leichenbergen in Massengräbern, die in ihrer horrenden Abstraktion die Entmenschlichung der Opfer noch zu verewigen scheinen, drängen hier Seite auf Seite Individuen ins Bewußtsein, die einmal Namen, Adressen, Berufe und Kinder hatten. Ja, sie haben auf dieser Welt existiert, die Klarsfelds haben ihnen ihre geraubte Identität, wenn auch nur schwarz auf weiß, zurückgegeben. »Es war das einzige unserer Projekte, dessen Kosten sich von selber trugen. Die überlebenden Angehörigen konnten sich für 110 Franken einen Grabstein kaufen.«

Ihre lakonische Art würde mich vielleicht schockieren, läge vor mir nicht auch das Bilderbuch der Kinder von Izieu: lachende Bubengesichter, fürs Gruppenfoto posierende Mädchen, Briefe wie der von der neunjährigen Renate Krochmal aus Wien: »Das Babi schickt viele Pussi – lieber oncel, tante und Klara ich möchte schon gerne in Amerika sein. Pussi.«

Serge und Beate Klarsfeld trugen die in aller Welt zerstreuten Mosaiksteine zusammen, die den auf Befehl Klaus Barbies aus dem jüdischen Pflegeheim bei Lyon deportierten 43 Kindern ein Denkmal setzen. Im Telegramm Barbies vom 6. April 1944 an den Befehlshaber der Sicherheitspolizei, das die Klarsfelds entdeckten, heißt es: »In den heutigen Morgenstunden wurde das jüdische Kinderheim ›Colonie Enfant‹ in Izieu-Ain ausgehoben. Insgesamt wurden 41 Kinder im Alter von 3 bis 13 Jahren festgenommen... Bargeld oder sonstige Vermögenswerte konnten nicht sichergestellt werden ...« Dieses Dokument diente der Staatsanwaltschaft wie den rund 80 Nebenklägern, die Serge Klarsfeld vertritt, als wichtigstes Beweismaterial im Prozeß gegen den »Schlächter von Lyon«.

Beate Klarsfeld betrachtet denn auch die Auslieferung Klaus Altmanns alias Barbie an Frankreich als das wichtigste Ergebnis ihrer zahlreichen Aktionen. Sie hatte Klaus Barbie schon 1971 in Bolivien ausfindig gemacht. Doch über ein Jahrzehnt sollte vergehen, bis der Mann in jenem Gefängnis saß, das ihm einst als Folterkammer gedient hatte. »Lebenslänglich, das muß er kriegen«, sagt sie.

Sühne, Vergeltung, Rache, Bestrafung – sind dies die *termini operandi* des Ehepaars Klarsfeld, die ihren Aktionen in aller Welt den oft spektakulären Anstrich geben? »Nazijäger«, meint Beate Klarsfeld, dieses Wort habe die Presse geprägt. »Wir haben uns gegen dieses Etikett immer gesträubt. Schließlich haben wir Kurt Lischkas Adresse im Kölner Telefonbuch gefunden. Die meisten Täter leben ja mitten unter uns.«

Daß die Liste immer kürzer wird, ist ihr recht. »Wir sehnen uns nach Schönem, nach Museen und Kirchen, nach Ferien mit unseren Kindern, die wir so oft alleine lassen mußten.« Wie hat sie als Mutter die Risiken ertragen, wenn sie in Moskau und Prag gegen den von den Regierungen sanktionierten Antisemitismus demonstrierte, wenn sie von der syrischen Armee gefangen wurde, weil sie sich für eine humanere Behandlung der internierten israelischen Soldaten einsetzte? »Außer der Angst, das einmal gesteckte Ziel nicht zu erreichen, habe ich keine. Wenn man sich hart genug auf die Aktion konzentriert, dann verschwindet die Besorgnis. Ich habe nur kindliche, elementare Ängste. Ich fürchte mich eher vor einem dunklen Keller als davor, von der syrischen Armee festgenommen zu werden.«

Wenn sie auf ihr Geburtsland zu sprechen kommt, dann läßt ihre Beherrschung nach. Denn noch nie hatte ihr Name, seit er in die Schlagzeilen geriet, in ihrer Heimat einen guten Klang. Seit der Ohrfeige galt sie vor allem bei deutschen Politikern als Exhibitionistin und Psychopathin. »Das ist eine unbefriedigte junge Frau«, hatte Bundesminister Ernst Lemmer damals nach der Tat die verheiratete Frau und Mutter eines Kindes gekennzeichnet.

An der Bonner Haltung hat sich auch wenig verändert. Als Beate Klarsfeld 1984 vom französischen Außenminister zum »Ritter der Ehrenlegion« geschlagen wurde, fehlte der deutsche Botschafter als Gratulant.

Warum das deutsche Unbehagen über eine Frau, die die israelische Knesset für den Friedensnobelpreis vorschlug, die wie keine andere die Sühnebereitschaft der Deutschen kundtat? Beate Klarsfeld will – und kann vielleicht auch – nicht antworten. Nach Hintergründen zu suchen, ist ihre Sache nicht. Vordergründig wissen wir es ja alle: Ob es die Täter, die Kinder der Täter, die Trümmerfrauen und ihre Enkel sind – die Deutschen fühlen sich immer als Opfer.

Beate Klarsfeld aber will Ehre. Sie will, daß ihre beiden französischen Kinder stolz darauf sind, eine deutsche Mutter zu haben.

Julian Barnes

Margaret Thatcher

VOR EIN PAAR JAHREN wurde eine Freundin von mir, die schon etwas älter ist, in einer britischen Klinik auf einen möglichen Gehirnschaden untersucht. Ein Psychiater forschte sie etwas herablassend aus. »Können Sie mir sagen, welchen Wochentag wir heute haben?« »Das ist nicht wichtig für mich«, lautete die ausweichende Antwort. »Also gut, können Sie mir sagen, welche Jahreszeit wir haben?« »Natürlich kann ich das.« Der Doktor machte unverdrossen weiter. »Und können Sie mir sagen, wer Premierminister ist?« »*Das* weiß doch jeder«, antwortete meine Freundin halb triumphierend, halb verächtlich. »Das ist Thatch.«

Jeder wußte tatsächlich mehr als elf lange Jahre hindurch, daß es Thatch war. Kein anderer Premierminister zu meiner Lebenszeit war in dem Maße schon immer *da* wie Margaret Thatcher da war, nicht nur, was Langlebigkeit anging, sondern auch was die Intensität betraf. Sie hatte sich dazu erzogen, nur vier Stunden pro Nacht zu schlafen, und fast jeden Morgen erwachte die Nation mit dem wütenden Knurren eines Feldwebels im Ohr – der Nachricht, daß das Wetter schrecklich sei und dem Befehl, einmal um die Kaserne zu laufen, oder … Wer sie privat kennenlernte, bestätigte, daß sie einem genauso grimmig ins Auge starrte wie der Spieß beim Drill. Der Dichter Philip Larkin schrieb von dem Moment, da »ich den blauen Blitz abbekam«, und fuhr mit einem anerkennenden Seufzer fort: »Was für eine Stahlklinge!« Alan Clark, einer der geringeren Tory-Minister und ein furchtloser, witziger, arroganter Tagebuchschreiber hielt den Augenblick in hohen Ehren, da »ihre blauen Augen aufblitzten« und »mich eine volle Dosis ihrer Persönlichkeitswucht traf, so etwas wie ein *Führerkontakt*«. (Er hielt auch fest, »wie klein ihre Füße waren, und wie attraktiv – nicht knochig – ihre Knöchel, ganz im Stil der 40er Jahre«.) Sogar Präsident Mitterrand, von dem man wirklich erwartet hätte, daß er aus sowohl nationalen als auch politischen Gründen immun gewesen wäre, konnte sich der Wirkung von La Thatch, wie man in Jacques Attalis »Verbatim« hören kann, nicht entziehen. »Die Augen Stalins, die Stimme Marilyn Monroes«, sinniert er in verzückter Paradoxie.

Als Thatcher 1975 an die Spitze der Tories trat, schien es, als würde sie nur ein kurzlebiges und symbolisches Phänomen sein. Sie kam vom rechten Flügel der Tories, und die britische Politik war seit Jahren zwischen Regierungen der Tory-Linken und der Labour-Rechten hin und her geschlurft: ein bißchen Steuersenkung und Privatisierung auf der einen, ein bißchen Steuererhöhung und Wiederverstaatlichung auf der anderen Seite. Schlimmer noch, sie war eine Frau: obwohl beide großen Parteien dickfellige Vorurteile gegen die Spezies hatten, war immer angenommen worden, daß die offiziell progressive Labour-Partei eher eine Frau an ihre Spitze stellen würde. Tory-Frauen, das war bekannt, zogen Männer vor; Tory-Männer auch. Schließlich war da Mrs. Thatchers offensichtliche Herkunft

Margaret Thatcher

aus der englischen Vorstadt; man setzte mit großer Gewißheit voraus, daß sie nördlich des sogenannten Watford Gap (südlich davon befindet sich das »wohlhabende England«) keine Stimmen bekommen würde. Also führte man ihren ersten Wahlsieg auf die Schwäche der Labour-Partei zurück; ihren zweiten auf den direkten Effekt des Falkland-Krieges; ihren dritten auf die neuerliche Zersplitterung der Opposition. Daß ihr die Chance geraubt wurde, den vierten zu erringen, ging nicht auf die Labour-Partei zurück, noch weniger auf die Tory-Getreuen im Land, sondern auf die verärgerte Parlamentsfraktion, die entschied (und das nur um Haaresbreite), daß sie ihr Verfallsdatum überschritten habe.

Jene, die gegen sie waren, die jeden Tag ihrer Herrschaft als eine Art politischer Migräne empfanden, neigten zu zwei fundamentalen Fehleinschätzungen. Die erste bestand darin, sie als eine Art Politirrer zu behandeln. Das war verständlich, da sie eine Tory-Ideologin war, und wann waren die Konservativen je eine ideologische Partei gewesen, mit starren Programmen und Heiligen Gral-Glaubenssätzen? Was man erst nach Jahren begriff, war die unangenehme Wahrheit, daß Mrs. Thatcher ein starkes und politisch ignoriertes »Englischtum« repräsentierte und mit Erfolg an diese Strömung appellierte. Für die Liberalen, die Snobs, die Großstädter, die Kosmopoliten vertrat sie eine provinzielle Kleinhändlermentalität, puritanisch und poujadistisch, egozentrisch und fremdenfeindlich, halb Sehnsucht nach dem Glanz der Vergangenheit, halb pfennigfuchsende Buchhaltung. Aber für jene, die sie unterstützten, war sie jemand, der die einfache Wahrheit sagte, eine klare und visionäre Denkerin, die nüchterne, bodenständige Tugenden verkörperte, eine Patriotin, die erkannte, daß wir viel zu lange von geborgter Zeit und geborgtem Geld gelebt hatten.

Die zweite Fehleinschätzung war die Annahme – die sich noch bis in ihre Spätzeit hielt –, daß das, was sie dem Land antat, bald wieder rückgängig gemacht werden könnte und würde. Das war in der Nachkriegspolitik immer mehr oder weniger geschehen: kleine Pendelausschläge zur Linken und dann zur Rechten im Laufe der Jahre. Jetzt, post Thatcher, schwingt das Pendel weiter, aber in einer Uhr, die in einem vollkommen neuen Winkel an die Wand gehängt worden ist. Wie viele andere glaubte ich lange daran, daß die Sättigung des Landes mit den Vorstellungen des Marktes ein reversibles Phänomen sei; ein kleiner Hautkrebs vielleicht, aber keine Verstrahlung der Seele. Diesen Glauben – oder diese Hoffnung – habe ich vor ein paar Weihnachten aufgegeben, und wenn ich ein Bild dessen suche, was Mrs. Thatcher Britannien angetan hat, denke ich an die Weihnachtssänger. Zu der Zeit, als sie an die Macht kam, blieben sie, wie sie es immer getan hatten, vor dem Haus stehen, sangen ein oder zwei Weihnachtslieder, klingelten dann, und sangen, wenn man öffnete, ein paar weitere. Etwa zur Mitte von Thatchs Herrschaft fiel mir auf, daß sie sich nicht mehr die Mühe machten, zu singen, bevor sie geklingelt und überprüft hatten, daß man da war, um sie anzuhören und zu bezahlen. Als sie zehn Jahre an der Macht war, öffnete ich zur Weihnachtszeit die Tür und blickte hinaus. Zwei kleine Jungen standen in einiger Entfernung vom Haus, offensichtlich nicht willens, ihre Zeit zu verschwenden, falls sie abgelehnt wurden. »Weihnachtslieder?« fragte einer mit geschäftsmäßiger Handbewegung, als hätte er gerade eine Wagenladung Melodien akquiriert und wäre unter Umständen bereit, mich am Geschäft teilhaben zu lassen.

In politischen Begriffen waren Mrs. Thatchers Leistungen bemerkenswert. Sie wies nach, daß man die alten Pietäten, was den Konsens anging, ob innerhalb der Partei oder parteiübergreifend, vergessen konnte. Man konnte das Vereinigte Königreich regieren, während man seine parlamentarische Basis auf eine rein englische Partei zusammenschrumpfte. Man konnte überleben, während man eine Arbeitslosigkeit zuließ, die zuvor für politisch unhaltbar gegolten hatte. Man konnte bisher unpolitische Körperschaften politisieren und die heiligen Prinzipien des Marktes in Bereiche der Gesellschaft hineinzwingen, die bisher als sakrosankt angesehen worden waren. Man konnte die Macht der Gewerkschaften kräftig vermindern und die Macht der Arbeitgeber erhöhen. Man konnte die Unabhängigkeit der kommunalen Autoritäten schwächen, indem man ihre Möglichkeiten begrenzte, Geld einzunehmen; und wenn sie einen dann immer noch ärgerten, konnte man sie einfach abschaffen: London ist heute die einzige Großstadt der Welt ohne eine gewählte städtische Regierung. Man konnte die Reichen reicher und die Armen ärmer machen, bis man die Lücke wiederhergestellt hatte, die am Ende des letzten Jahrhunderts existiert hatte. Man konnte dies alles tun und dabei auch noch die Opposition traumatisieren: die Präsenz einer Tory-Regierung seit 1979, die oft unpopulär gewesen, dennoch unweigerlich wiedergewählt worden ist, hat die Labour-Partei stetig nach rechts getrieben, bis sie viel von dem aufgab, woran sie noch in den Siebzigern glaubte, und sich heute als eine

Partei von netten, rücksichtsvollen Kapitalisten darstellt – im Gegensatz zu der üblen, rücksichtslosen Sorte. Selbst die Arbeitslosen sind traumatisiert worden. Bei der letzten Wahl (Thatcher-frei, aber immer noch im Zeichen des Thatcherismus) stimmte tatsächlich ein leicht höherer Anteil von ihnen für die Tories als bei dem vorhergehenden Wahlgang.

VON ANFANG AN war der größte Reiz von Margaret Thatcher ihre granitene Gewißheit. »Ihre große Tugend«, sagte Philip Larkin einem Interviewer 1979, »ist, daß sie sagt, zwei und zwei ist vier, was heute so unpopulär ist wie eh und je.« Später im selben Jahr führte der Dichter aus: »Ich liebe Mrs. Thatcher. Endlich leuchtet mir Politik ein, was seit Stafford Cripps (den mochte ich auch sehr) nicht mehr der Fall war. Einzusehen, daß man etwas nicht haben kann, wenn man das Geld dafür nicht hat – das ist ein Konzept, das viele Jahre vergessen war.« Politik ist natürlich eine Frage von Prozenten, Logarithmen und Teilungsregeln, aber Mrs. Thatcher, die sie teilweise einfach erscheinen ließ, erzürnte nicht nur jene, die wußten, daß alles viel komplizierter war, sondern zementierte auch ihre Unterstützung in der Zwei-und-zwei-ist-vier-Brigade. Zum Beispiel liebte sie es, die Wirtschaftspolitik der Nation in den Begriffen des häuslichen Einkaufskorbs zu erklären. Budgetstreitigkeiten mit der EG waren eine Frage, »sie« dazu zu bringen, »uns« »unser« Geld zurückzugeben. Sie liebte Polarisierungen von »sie« und »wir«. Auch von Gut und Böse: wie Superman machte die Eiserne Lady die Welt einfacher, verständlicher. Sie und Reagan lasen dasselbe Moralbarometer ab.

Einer der wenigen wirklich komischen Momente in *Margaret Thatcher: Die Downing-Street-Jahre,* dem ersten Band ihrer Memoiren, ist ein Farbfoto, das während eines Banketts aufgenommen wurde. Die Premierministerin bellt eine Rede in die Welt hinaus, während der amerikanische Präsident mit trotteliger Ehrfurcht zu ihr aufsieht. Unter dieses offzielle Souvenir schrieb Reagan: »Liebe Margaret – Wie Sie sehen, stimme ich jedem Wort, das Sie sagen, zu. Das tue ich immer. In wärmster Freundschaft. Herzlich, Ron.« Während der Reagan-Thatcher-Jahre konnten sich englische Träumer eine Umkehrung der Kennedy-Macmillan-Ära vorstellen. Macmillan porträtierte die atlantische Allianz gern als die Beziehung des weisen alten Griechenland (Großbritannien, falls Sie hier stutzen) zum energischen jungen Rom. Zeitweilig zumindest konnte Thatcher während Reagans verschlafener Seniorenvorstellung als die dynamische Ideenlieferantin posieren.

»Persönlich dominant, in höchstem Maße selbstsicher, aufreizend störrisch« besaß Mrs. Thatcher »eine seltsame Mischung aus breiten Grundannahmen und engen Vorurteilen.« Dies ist nicht die Zusammenfassung eines gequälten Labour-Mannes, sondern die Meinung des normalerweise salbungsvollen Kenneth Baker, eines ihrer Parteivorsitzenden. (Baker galt einmal als potentieller Nachfolger, und seine ölige Art provozierte den Kommentar: »Ich habe die Zukunft gesehen, und sie lächelt schmierig.«) Sie entschloß sich zu etwas, hielt sich daran, sprach davon und wiederholte es wörtlich so oft, wie es ihr notwendig erschien. In den *Downing-Street-Jahren* erledigt sie den glücklosen John Nott, Verteidigungsminister während des Falkland-Krieges, mit den kastrierenden Worten: »Sein Laster war der Zweifel.« Nichts der Art für Maggie Thatcher. Larkin wurde einmal zu einer Dinnerparty ins Haus des Historikers Hugh Thomas eingeladen und hielt ihre kämpferische und von keinem Zweifel berührte Art fest: »Sie zu beobachten, war wie einem erstklassigen Tennisspieler zuzusehen; kein ähäh, was meinen andere dazu, nur zack-zack übers Netz zurück.« Da Isaiah Berlin, V. S. Naipaul, Tom Stoppard, Mario Vargas Llosa, J. H. Plumb, V. S. Pritchett, Anthony Powell, Stephen Spender, Anthony Quinton und A. Alvarez zu den Gästen zählten, war dies eine ziemlich hochgestochene Gesellschaft zum Tennisspielen. Aber schließlich war Mrs. Thatcher von »eitlen Intellektuellen«, wie sie diese Sorte Menschen in ihrem Buch charakterisiert, ebensowenig eingeschüchtert wie von den großen alten Männern der Tories, den *toffs*. Am Anfang ihrer Premierzeit gab es einen Versuch, sie als eine Frau darzustellen, die sich gerne mit einigen guten Köpfen herumbalgte – der Historiker Paul Johnson wurde als einer dieser Streiter genannt –, aber das scheint nicht lange angehalten zu haben. Keiner der oben Genannten findet sich im Register der *Downing-Street-Jahre:* dort gibt es »Berliner Diskotheken-Bombe«, aber nicht »Berlin, Isaiah«.

In der Tat füllt das Thema der Künste ganze zwei Seiten, und eine von ihnen gilt der Beschreibung von Margaret Thatchers heroischem, aber vereiteltem Versuch, die Thyssen-Kunstsammlung nach England zu holen. (»Es war nicht nur ein großer Schatz, sondern auch eine gute Investition«, notiert sie typischerweise.) Während andere Premiers – wie aufrichtig oder heuchlerisch auch immer – gerne behaupten, daß Kultur eine Dekoration, wenn nicht sogar eine Bereicherung des Lebens darstellt, geht sie bei Mrs.

Thatcher gar nicht in die Gleichung ein: wenn man dafür Zeit übrig hat, dann macht man seine Arbeit als Premier nicht. Sie erinnert sich daran, daß Macmillan einer Gruppe von jungen MPs erzählte, daß »Premierminister (die selbst kein Ressort haben) viel Freizeit zum Lesen haben«, und sie fügt hinzu: »Er empfahl Disraeli und Trollope. Ich habe mich manchmal gefragt, ob er sich einen Scherz erlaubt hat.« Das hat er fast sicher nicht, und es ist bezeichnend, daß John Major, der zu dem *easy-listening*-Stil von Macmillans Premierschaft zurückgekehrt ist, ebenfalls Trollope als einen seiner Lieblingsautoren nennt – er ist in der Tat Mitglied der Trollope-Gesellschaft. (Die Tatsache, daß dieser Autor mit Politikern scharf ins Gericht geht, und insbesondere mit Tories, scheint moderne Konservative nicht zu stören.) Mrs. Thatcher dagegen zitiert als ihre Lieblingslektüre »Thriller von Frederick Forsyth und John le Carré«. Das ist wahrscheinlich auch besser so. Der Anblick einer Mrs. Thatcher, die vorgibt, Kultur zu mögen, wäre nichts für die Zimperlichen.

Weit besser ist ihre unverstellte Reaktion, als Kingsley Amis ihr in No. 10 ein signiertes Exemplar seines Romans *Russian Hide-and-Seek* übergab. »Worum geht's?« fragte sie ihn. »Na ja«, erklärte er, »es geht gewissermaßen um ein zukünftiges Britannien unter russischer Besatzung.« »Ha!« rief sie aus. »Was Besseres ist Ihnen wohl nicht eingefallen? Besorgen Sie sich eine neue Kristallkugel!« Dieser Hieb (»unfair und auch unbeantwortbar«, notierte Amis) verminderte die Bewunderung des Autors indessen keineswegs. In seinen Memoiren nennt er sie »eine der bestaussehenden Frauen, die mir je begegnet sind«, und fügt dieses ausgesuchte Kompliment hinzu: »Dies ist so extrem, daß es mich für den Bruchteil einer Sekunde zu dem Gedanken verführen kann, daß ich eine kürzliche Science-fiction-Illustration eines schönen Mädchens zu sehen glaube, das im Jahr 2220 Präsidentin der Solaren Föderation geworden ist.« Etwas nüchterner geworden, gibt Amis zu, daß Mrs. Thatcher die Queen als die Frau ersetzt hat, von der er am häufigsten träumt; einmal zog sie ihn sogar beiseite, trat näher und murmelte liebevoll: »Sie haben solch ein *interessantes* Gesicht.« Nun, sie schafft es bis in seine Träume, aber er schafft ihr Register auch nicht. Ebensowenig übrigens der Name eines britischen Untertanen, der während ihrer Zeit als Premier von einer fremden Macht zum Tode verurteilt wurde. Man hätte annehmen können, daß dies gegen die Vorstellungen von britischer Souveränität, Ehre und Unabhängigkeit verstieße, die wie Trompetenkadenzen aus diesen Seiten brüllen. Pech, Citizen Rushdie.

WIE EINDRUCKSVOLL die militärische Leistung während des Falklandkriegs auch gewesen sein mag, ihre wahre und dauerhafte Bedeutung für die Briten war die als innenpolitische Metapher. In der Politik spielt die Rhetorik des »Kämpfens und Siegens« eine vorrangige Rolle, die wir Bürger nur selten ermessen können, wenn es um Dinge wie die Handelsbilanz und die Zinssätze geht. Und wenn wir sie ermessen können – wie beim »Kampf gegen die Arbeitslosigkeit« oder der »Schlacht gegen das Verbrechen« –, scheinen wir immer zu verlieren. Ein klarer und vom Fernsehen übertragener Erfolg in einem Krieg (besonders da britische Soldaten seit vielen Jahren in Nordirland nichts vorzuweisen haben) ermutigt also den Glauben, daß andere Probleme gleichfalls lösbar, andere Siege gesichert sind, und daß Mrs. Thatcher eine »Siegerin« ist. Daher tragen spätere Kapitel der *Downing-Street-Jahre* Überschriften wie »Die Entwaffnung der Linken« und »Mr. Scargills Aufstand«. (Mr. Scargill war kein Guerillaführer in den Fluren von Yorkshire, sondern ein Gewerkschaftsführer.) Und daher die explizite Verbindung, die Mrs. Thatcher gleich nach dem Krieg in einer Rede in Cheltenham herstellte: »Wir sind keine Nation auf dem Rückzug mehr. Statt dessen haben wir ein neues Selbstvertrauen geboren in den wirtschaftlichen Schlachten daheim und erprobt und bewiesen 8000 Meilen von hier.« Aus ihrer Sicht »sahen die Menschen ohne jede Anleitung von uns die Verbindung zwischen der Entschlossenheit, die wir in der Wirtschaftspolitik, und jener, die wir bei der Behandlung der Falkland-Krise gezeigt haben«. »Die Menschen« sind an dieser Stelle und auch sonst im Buch kein allgemeiner Begriff, der sich auf die Briten bezieht; sondern ein spezifischer Begriff, der jene meint, die Mrs. Thatcher unterstützten. Ihre Sicht ist rücksichtslos verengt, die des Monokels.

Sie ist in der Lage zu erkennen, daß sie der gefeiertste und fetischisierteste der modernen Premiers war, aber nicht, daß sie auch der gehaßteste war. Sie wurde in persönlicher als auch politischer Form gehaßt, da ihr öffentlich wahrgenommener Charakter – dominierend, engherzig, polarisierend, rücksichtslos – ihre Politik zu gestalten und zu infizieren schien. Dieser Charakter bietet sich im Buch sehr deutlich dar. Sie verachtet die Tory-Linken und die Tory-Grandees. Sie verachtet die Tory-Tradition, die sie verdrängte, an einer Stelle bezieht sie sich auf das »dreißigjährige Experiment des Sozialismus« im Nachkriegsgroßbritannien: soweit man ihrer Chronologie folgen kann, schließt dies zweifellos die konservativen Regierungen von Heath, Douglas-Home, Macmillan und Eden ein, und möglicherweise die von Churchill. Eine besondere Gehässigkeit ist für zwei ihrer Hauptadjutanten reserviert, Nigel Lawson und Geoffrey Howe, die sie beide schließlich nicht mehr ertragen konnten. Howes Rücktrittsrede war das Stichwort für die Revolte gegen ihre Führung, woraus nach ihrem Urteil folgt, daß man sich »von diesem Punkt an nicht mehr aufgrund seiner Standfestigkeit als Finanzminister und auch nicht wegen seiner geschickten Diplomatie als Außenminister an ihn erinnern würde, sondern wegen dieses letzten Aktes der Bitterkeit und des Verrats«. Und sie erklärt: »Gerade die Brillanz, mit der er den Dolch führte, stellte sicher, daß die Gestalt, die er meuchelte, letztlich er selbst war.« Was die eigentliche Opposition angeht, versuche man dieses, um ihren Hochmut zu ermessen: »Mr. Kinnock hat mich in all den Jahren als Führer der Opposition nie im Stich gelassen. Bis zum Ende schlug er jede falsche Note an.«

Verengung des Blicks zu Hause, Blindheit im Ausland. Alan Clark berichtet von einem Kommentar, den Mrs. Thatcher dem Beamten Frank Cooper gegenüber äußerte, zwei Jahre, nachdem sie zur Oppositionsführerin aufgestiegen war. »Muß ich dies ganze internationale Zeug machen?« fragte sie. Und als er antwortete: »Das können Sie nicht vermeiden«, zog sie ein Gesicht. Cooper erinnert sich auch, daß sie, »als sie Carter und Reagan kennenlernte, erstaunt war, wie dumm sie waren. ›Können sie wirklich mit all dieser Macht umgehen?‹ fragte sie.« Sie genoß die Wagenkorsos mit dem Beifall der Menge und die Banquets *chez* Mitterand, während ihr nie der Verdacht gekommen zu sein scheint, daß Applaus in Osteuropa nicht notwendigerweise mehr ist als eine Brüskierung der heimischen Politiker. Sie ist sicher, daß »die Grundsätze und politischen Konzepte, die ich … in Großbritannien durchsetzte«, mitgeholfen haben, »die Weltpolitik umzugestalten«. Sie kann sich nicht vorstellen, daß die Falkland-Expedition anderwärts nicht als ein früher Ansatz der neuen Weltordnung gesehen wird, sondern als letztes Zucken einer imperialen Vergangenheit. Sie fühlt sich viel wohler in der Gesellschaft ferner Scheichs als in der europäischer Demokraten. Sie glaubt tatsächlich, daß ihre destruktive, keifende, tyrannische Einstellung zu Europa als Anzeichen wahrgenommen wurde, daß Großbritannien seinen alten Stolz wiedergefunden hatte. Sie glaubt, man gewinne den Respekt von Menschen, wenn man sie beleidigt.

In einer Fernsehserie, die bewußt zur Zeit der Veröffentlichung der *Downing-Street-Jahre* anlief, gab sie die folgende, subtil nuancierte Beobachtung zum besten: »Es gibt einen großartigen Zug von Gerechtigkeit und Fairneß im Charakter der Briten: das ist typisch für uns. Es gibt keinen großartigen Zug von Gerechtigkeit und Fairneß in Europa – sie sind darauf aus, soviel wie möglich zu kriegen. Das ist einer dieser enormen Unterschiede.« Zur Zweihundertjahrfeier der Französischen Revolution – deren »abstrakte Ideen«, stellt sie fest, »von eitlen Intellektuellen formuliert wurden« – gab sie *Le Monde* ein Interview, aus dem sie stolz zitiert: »Die Menschenrechte begannen nicht mit der Französischen Revolution … sie stammen in Wahrheit aus einer Mischung Judaismus und Christentum … wir Engländer hatten 1688 unsere stille Revolution, als das Parlament seinen Willen gegen den König durchsetzte ... es war nicht die Art Revolution wie in Frankreich ... ›Freiheit, Gleichheit, Brüderlichkeit‹, ich glaube, sie haben die Pflichten vergessen. Und dann ging natürlich die Brüderlichkeit auf lange Zeit verloren.« Wie seltsam, daß all diese Ausländer draußen immer noch auf 1789 als einem symbolischen Datum herumreiten statt auf 1688. Aber ebenso seltsam ist es, daß die englische Revolution, die Mrs. Thatcher sich zu zitieren entschlossen hat, die von 1688 ist und nicht die viel berühmtere früher im selben Jahrhundert, als das Parlament sich ebenfalls gegen den König durchsetzte, wenn auch auf etwas andere Art – indem es ihm den Kopf abschlug, genauso wie sie es in Frankreich später machen sollten. *Le Monde*, als ließe sie einer Gestörten ihren Willen, brachte das Interview unter der Schlagzeile: »›LES DROITS DE L'HOMME N'ONT PAS COMMENCE EN FRANCE‹, NOUS DECLARE MME. THATCHER.«

WÄHREND DES JAHRZEHNTS ihrer Herrschaft wandelte sich Mrs. Thatcher vom Premierhaften zum Präsidialen, zum Königlichen – eine Progression, die sich sowohl in ihrer Sprache (dem wachsenden Gebrauch des königlichen Plural) als auch in ihren Gewändern ausdrückte. Ihre späteren offiziellen Kostüme für solche Anlässe wie dem Lord Mayor's Banquet beschworen in zunehmendem Maße Bezüge zu Queen Elisabeth – der Ersten, heißt das, der mächtigen, nicht der bloßen Zweiten. Aber während sie die großen Staatsfragen für uns regelte, war sie auch die nie schlafende Aufpasserin der Nation, die einen dreckigen Fingernagel nicht ertragen konnte:

»Jedesmal wenn ich aus einer fleckenlos sauberen ausländischen Stadt zurückkehrte, wußten mein Stab und der damalige Umweltminister, daß sie eine strenge Lektion über die abfallgefüllten Straßen von Teilen Londons zu erwarten hatten.« Die Realität bleibt da oft ausgesperrt (sonst wäre ihr vielleicht eine Verbindung zwischen dem Zustand der Straßen und der Abschaffung des Greater London Council aufgefallen).

Als die Premierministerin während der Wahl zum Parteivorsitz von 1990 dem Rat ihrer Kollegen lauscht, wird die Parade von Verrätern und Heuchlern für einen Moment durch das Eintreffen von Alan Clark belebt. Mrs. Thatcher hält fest:

Selbst Melodramen haben Pausen, sogar *Macbeth* hat die Pförtner-Szene. Ich hatte jetzt ein kurzes Gespräch mit Alan Clark, Staatssekretär im Verteidigungsministerium und ein tapferer Freund, der kam, um mich mit dem ermutigenden Rat aufzumuntern, um jeden Preis weiterzukämpfen. Unglücklicherweise fuhr er dann mit dem Argument fort, daß ich weiterkämpfen sollte, obwohl ich mit Sicherheit verlieren würde, weil es besser sei, im Glanz einer ruhmreichen Niederlage abzutreten, als mich leise in die Nacht davonzustehlen. Da ich keine besondere Neigung zu wagnerischen Enden hatte, ermunterte mich dies nur kurze Zeit. Aber ich war froh, selbst in der Niederlage jemanden eindeutig auf meiner Seite zu wissen.

Hier ist Alan Clarks Bericht des Treffens, aus seinen »Tagebüchern«:

> Ich ging die Treppe hinunter und schloß mich wieder der Gruppe vor ihrer Tür an. Nach einer Weile sagte Peter:

»Ich kann dich jetzt einschieben – aber nur für eine Minute, hörst du.«

Sie sah ruhig aus, fast schön. »Ah, Alan …«

»Sie sind in Schwierigkeiten.«

»Das weiß ich.«

»Sie sagen Ihnen, Sie sollen nicht antreten, nicht wahr?«

»Ich werde antreten. Ich hab eine Verlautbarung rausgegeben.«

»Das ist wundervoll. Das ist heroisch. Aber die Partei wird Sie im Stich lassen.«

»Ich bin eine Kämpferin.«

»Dann kämpfen Sie. Kämpfen Sie bis zum Ende, bis zum dritten Wahlgang, wenn's sein muß. Aber Sie verlieren.«

Es entstand eine beträchtliche Pause.

»Es wär so schrecklich, wenn Michael (Heseltine) gewönne. Er würde alles zerstören, wofür ich gekämpft habe.«

»Aber welch ein Abgang! In drei Wahlen ungeschlagen, nie vom Volk abgelehnt. Von Nullen niedergeworfen!«

Aber Michael … als Premierminister.«

»Wer ist er denn schon. Scheiß auf Michael. Er ist ein Nichts. Er wird sich keine sechs Monate halten. Ich bezweifle, daß er auch nur die Wahl gewinnen kann. Ihr Platz in der Geschichte ist alles überragend …«

Draußen begannen Leute mit diesem wahnsinnig machenden Trick, die Tür zu öffnen und wieder zu schließen, in immer kürzeren Abständen.

»Alan, es ist so nett von Ihnen, daß Sie gekommen sind …«

Mrs. Thatcher schildert ein komisches Zwischenspiel, schwerfällig erzählt, in dem sie staatsmännischen Ernst demonstriert. Clark skizziert eine tragische Episode, mit leichter Hand dargeboten, in der er der leidenschaftliche Wahrheitssager ist. Es ist schwer, Clarks Version nicht zu bevorzugen, obwohl sie genauso selbstsüchtig ist. (Seht her, ich bin die Art Kerl, der keine Angst hat, vor Maggie »Scheiß« zu sagen.) Zukünftige Historiker werden nicht in der Lage sein, die Thatcher-Memoiren zu umgehen, ebensowenig wie jene, die so lange unter ihr lebten, ihre verbissene, tadelnde Präsenz ignorieren konnten. Wenn sie mehr Trollope gelesen hätte, wäre sie vielleicht klug genug gewesen, den *Downing-Street Jahren* den rechtmäßigen, unvermeidlichen Untertitel zu geben: »Sie wußte, daß sie recht hatte.«

JULIA MARGARET CAMERON Julia Margaret Cameron wurde 1815 als drittälteste Tochter eines britischen Kolonialverwalters in Bengalen geboren, sie starb im Alter von 64 Jahren 1879 in Kalutara auf Ceylon. Trotz der Enge des 19. Jahrhunderts in England lebte sie mit ihrem Mann Charles Hay Cameron auf unkonventionelle, exotische Weise. Erst im Alter von 50 Jahren fand sie das ihrer ungeheuren Energie angemessene Ausdrucksmittel: die Porträtfotographie. Bis zu ihrem Tod schuf sie zahlreiche Fotografien, deren Ausdruckskraft die Porträtkunst nachhaltig beeinflußt hat.

VEUVE CLICQUOT Nicole-Barbe Ponsardin wurde 1778 als Tochter eines Webereibesitzers in Reims geboren. 1799 heiratete sie François Clicquot, der sich vor allem für die Weingeschäfte im Handelshaus seines Vaters interessierte. Er starb bereits sechs Jahre nach der Hochzeit. Die 27jährige Witwe (Veuve) Clicquot, die sich bislang der Erziehung ihrer Tochter gewidmet hatte, übernahm die Leitung des Unternehmens, das sie zu wirtschaftlichem Erfolg führte. Im Alter von 88 Jahren starb sie 1866 auf ihrem Schloß Boursault.

COLETTE Sidonie-Gabrielle Claudine Colette wurde am 28.1.1873 als Tochter eines Offiziers in St.-Sauveur-en Puisaye, Burgund geboren. Sie starb im Alter von 81 Jahren in Paris. Ihre erste Ehe mit Henri Gautier-Villars, einem Musikkritiker, Impresario und Schriftsteller, führte sie in die Kreise der Pariser literarischen Avantgarde. Gemeinsam mit ihrem Mann schrieb sie unter dem Pseudonym Willy ihre ersten Bücher um Claudine, eine Mädchengestalt mit autobiographischen Zügen. Nach ihrer Scheidung im Jahre 1906 wurde sie Tänzerin und Schauspielerin. 1912 brachte ihre zweite Ehe mit Henri de Jouvenel, einem bedeutenden Publizisten, sie wieder der Literatur näher. Während ihrer dritten Ehe mit Maurice Goudeket arbeitete sie erfolgreich als Schriftstellerin bis zu ihrem Tode.

GISÈLE FREUND erblickt am 19.12.1912 in Berlin das Licht der Welt. Ihr Vater, ein gutsituierter assimilierter jüdischer Kaufmann, interessiert sich mehr für die Malerei als für Geschäfte und macht seine Tochter schon früh mit der Welt der Kunst und des Visuellen vertraut. Gegen den Willen der Eltern macht sie das Abitur und nimmt anschließend ihr Studium der Soziologie und der Kunstgeschichte auf. Auch während der Studienzeit in Freiburg und am Institut für Sozialforschung in Frankfurt am Main widmet sie sich dem Fotografieren, ihrem Hobby seit dem zwölften Lebensjahr. Als Mitglied einer Studentengruppe, die sich gegen die Nationalsozialisten engagiert, erkennt sie früh genug ihre bedrohte Situation und flieht 1933 nach Paris. Ab 1936 arbeitet sie als Fotografin freiberuflich für *Life* und andere Magazine. Ihre politischen und soziologischen Interessen machen sich auch in ihren Bildern bemerkbar, die das Alltagsleben von Parisern oder das Elend von

Arbeitslosen in England einzufangen versuchen. Die Möglichkeit zu den Schriftstellerportraits, für die sie so berühmt wird, ergibt sich zunächst durch ihre Freundschaft mit André Malraux und Adrienne Monnier. Daneben führt sie ihr Studium an der Sorbonne fort, das sie mit einer bereits in Frankfurt begonnenen und von Norbert Elias angeregten Dissertation über die Geschichte der Fotographie im Frankreich des 19. Jahrhunderts abschließt. Im selben Jahr heiratet sie Pierre Blum, in erster Linie, um die französische Staatsangehörigkeit zu erlangen. 1938 beginnt sie als eine der ersten in Frankreich Farbfilme zu benutzten; bald darauf entstehen ihre vielleicht bekanntesten Farbportraits von James Joyce und Virginia Woolf. Als die Deutschen in Paris einmarschieren, flieht sie in das noch unbesetzte Südfrankreich, 1942 muß sie schließlich nach Argentinien emigrieren. 1950 kehrt sie dorthin zurück, um die denkwürdige Fotoreportage über Evita Perón zu machen, die letztendlich auch dazu führt, daß sie keine Einreisegenehmigung mehr in die USA erhält und 1954 die Fotoagentur Magnum verlassen muß, deren Mitglied sie bald nach ihrer Gründung 1947 geworden war. Bis 1953, als sie sich wieder in Paris niederläßt, lebt sie in Mexiko, wo sie sich mit Frida Kahlo und Diego Rivera anfreundet. Seit den sechziger Jahren sind ihre Werke im Rahmen von Retrospektiven und Buchveröffentlichungen immer wieder einem größeren Publikum vorgestellt worden.

BEATE KLARSFELD Beate Klarsfeld wurde am 13. Februar 1939 in Berlin geboren. 1960 kam sie als Au-pair nach Paris, wo sie den jüdischen Serge Klarsfeld kennenlernte, den sie drei Jahre später heiratete. Beate Klarsfeld erregte 1968 Aufsehen, als sie den damaligen Bundeskanzler Kurt Georg

Kiesinger auf dem CDU-Parteitag in Berlin ohrfeigte, um auf seine NS-Vergangenheit aufmerksam zu machen. Mit weiteren spektakulären Aktionen – wie zum Beispiel die Selbstfesselung an einen Baum in Warschau – protestierte sie gegen die Verletzung von Menschenrechten und jegliche Form des Antisemitismus in aller Welt. Ihren Nachforschungen ist die Auslieferung und Verurteilung einiger NS-Verbrecher zu verdanken, u.a. Klaus Barbie, den »Schlächter von Lyon«, und Kurt Lischka, ehemals Gestapochef von Paris.
1984 wurde Beate Klarsfeld von der französischen Regierung zum Ritter der Ehrenlegion ernannt. Die Journalistin lebt mit ihrer Familie in Frankreich. In Deutschland ist ihre Person nach wie vor sehr umstritten.

TAMARA DE LEMPICKA Tamara de Lempicka wird vermutlich 1898 in Warschau als zweites von drei Kindern wohlhabender Eltern geboren. In Petersburg lernt sie den Anwalt Tadeusz Lempicki kennen und heiratet ihn 1916. Während der Oktoberrevolution flüchten sie nach Frankreich, wo auch ihre Tochter Kizette geboren wird. Aus finanzieller Not beginnt sie zu malen und verkauft ihre ersten Porträtbilder; vom Erlös kann sie sich einen aufwendigen Lebensstil finanzieren. 1925 findet die erste Art déco-Ausstellung in Paris statt und Tamara macht sich dort einen Namen. Nachdem sie sich 1928 von Lempicki getrennt hat, heiratet sie 1933 den Baron Kuffner, der ein Sammler ihrer Bilder ist. Sie siedeln nach Amerika über. In den 70er Jahren wird ihre Kunst wiederentdeckt, es findet eine Retrospektive in Paris statt. 1980 stirbt sie in Mexiko, wo ihre Asche über dem Krater des Popocatepetl verstreut wird.

LOTTE LENYA (eigentlich Karoline Wilhelmine Blamauer) wurde 1898 als Tochter einer Wäscherin und eines Fiaker-Kutschers in Wien geboren. Nach einer Hutmacherlehre in Wien geht sie nach Zürich, schlägt sich dort während des Ersten Weltkriegs am Stadttheater durch und lernt tanzen. 1920 geht sie nach Berlin, wo der Dramatiker Georg Kaiser sie aufnimmt. In seinem Haus begegnet sie 1923 dem Komponisten Kurt Weill, den sie 1926 heiratet. Weill begegnet in Berlin Bertolt Brecht, mit dem zusammen er 1927/28 die *Dreigroschenoper* schreibt. Die Musik komponiert Weill bewußt nicht für Sänger, sondern für singende Schauspieler. In der Uraufführung 1928 spielt und singt Lotte Lenya die Rolle der Seeräuberjenny. Ihr Name steht nicht auf dem Programmzettel, so daß der Kritiker Alfred Kerr am folgenden Tag in seiner Rezension fragt: »Wer war die? Die war gut. Die war schon sehr gut. Die wird bald in der scenischen Front sein …«. Ihre Präsenz und ihr modulationsreicher Sprechgesang, dem von Yvette Guilbert nicht unähnlich, überzeugt; ihr kurzes herzloses »Hoppla«, mit dem sie als Jenny das Fallen der Köpfe kommentiert, wird legendär. 1930 singt sie in der Brecht/Weill Oper *Aufstieg und Fall der Stadt Mahagonny*. Daneben spielt sie weiter an verschiedenen Berliner Bühnen Theater.

1933 flieht sie mit Weill nach Paris. Dort entsteht das Brecht/Weill-Ballett *Die Sieben Todsünden*, in dem sie die Anna I verkörpert. 1935 emigrieren Lenya und Weill in die USA; damit endet die Zusammenarbeit zwischen Brecht und Weill, der sich dem Musical zuwendet. Mit Auftritten in Nachtclubs und später am Broadway und in Hollywood sorgt Lotte Lenya zunächst für den gemeinsamen Lebensunterhalt, bis Weill mit seinen Musicals Erfolg hat. 1945 unterbricht sie ihre Karriere, die sie aber nach Weills Tod 1950 mit Broadway- und Filmrollen wieder aufnimmt. Sie heiratet noch zweimal, gründet die Weill-Foundation und bringt in New York die *Dreigroschenoper* auf die Bühne, die über sechs Jahre lang erfolgreich läuft. Für ihre Rolle in der Tennessee Williams-Verfilmung Römischer Frühling der Mrs. Stone erhält sie den Oscar. Ihre letzte Filmrolle übernimmt sie 1974 in dem James-Bond-Thriller *Liebesgrüße aus Moskau.* 1976 zieht sie sich ganz von der Bühne zurück. 1981 stirbt sie in New York.

LOLA MONTEZ' Biographie weist einige erstaunliche Parallelen zu der Mata Haris auf. Beide versuchten sich durch eine beschönigte, »geadelte«, immer wieder veränderten Umständen angepaßte Lebensgeschichte interessant zu machen; beide gaben sich als gelernte Tänzerinnen aus und als zu einem Kulturkreis zugehörig, den sie in Wirklichkeit nur aus der Ferne kannten; beide waren skandalumwittert und übten eine faszinierende Wirkung auf ihre Zeitgenossen aus. Lola Montez wurde wahrscheinlich 1820 als Eliza Gilbert in Irland geboren und verbrachte ihre Jugend- und Ehejahre in England und Indien. Die Trennung von ihrem Mann, einem in Indien stationierten Leutnant der englischen Armee, brachte sie 1841 zurück nach London. Hier trat sie zum ersten Mal als Tänzerin »Maria de los Dolores Porrys y Montez« vor Publikum auf und hatte damit auch einigen Erfolg, da spanische Folklore gerade en vogue war. Bevor sie 1846 auf König Ludwig I. traf und – wenn auch weniger direkt, als einige ihrer Zeitgenossen annahmen – die politischen Geschicke Bayerns mitbestimmte, war sie bereits berühmt-berüchtigt, u. a. in Berlin, Warschau und Paris. Sie wirkte weltgewandter und emanzipierter als die meisten Frauen ihrer Zeit und wußte ihre Ausstrahlung dazu zu nutzen, sich ihrem Status als geschiedene Frau zum Trotz ein weitgehend selbstbestimmtes Leben zu sichern. Nicht nur den Bayern galt sie als Verkörperung der Verführerin schlechthin: die »fesche Lola« im Blauen Engel, Wedekinds Lulu und Nabokovs Lolita gehen alle namentlich auf sie zurück. Nach ihrer Vertreibung aus Bayern versuchte sie in der Neuen Welt ihr Glück, um vom Goldrausch in Kalifornien und Australien zu profitieren, was ihr für jeweils kurze Zeit auch gelang. 1861 starb sie in New York.

SOPHIE SCHOLL Sophie Scholl kam am 9. Mai 1921 als Tochter des Bürgermeisters von Forchtenberg bei Heilbronn zur Welt. Sie wuchs in Ulm auf, wo sie durch das, was sie von der Praxis des Gewaltregimes erfuhr, zur Gegnerin der Nazi-Ideologie wurde. 1942 begann sie in München mit dem Studium der Biologie und Philosophie. Ihr Bruder Hans studierte dort Medizin. Zusammen mit dem Professor für Psychologie und Philosophie Kurt Huber und Freunden organisierten die Geschwister Scholl die Widerstandsgruppe »Die Weiße Rose«. Vor allem unter dem Eindruck der Kämpfe um Stalingrad entschloß man sich, die Öffentlichkeit aufzurufen. In Flugblättern prangerte man die Verbrechen der National-sozialisten an. »Die Weiße Rose« rief zum passiven Widerstand auf, forderte die Erneuerung Deutschlands im Zeichen der Grundrechte durch einen »vernünftigen Sozialismus« in einem förderativ aufgebauten Staat. Es gab nur eine Parole: Kampf gegen die Partei. Bei der Verteilung der Flugblätter wurden Sophie Scholl und die anderen Mitglieder am 18. Februar 1943 in der Münchner Uni festgenommen. Sie wurden zum Tode verurteilt und am 22. Februar 1943 hingerichtet.

CLÄRENORE STINNES Clärenore Stinnes wird 1901 als drittes Kind und einzige Tochter von Hugo Stinnes, einem wohlhabenden Unternehmer, geboren. Nach dem Tod des Vaters will sie in den Konzern einsteigen, ihre Mutter lehnt dies jedoch ab. Sie zieht nach Berlin, wo sie eine eigene Handelsgesellschaft gründet, die jedoch scheitert. Während sie, zunächst aus Werbezwecken, als Renn- und Rallyefahrerin fuhr, faßte sie den Entschluß, mit dem Auto um die Welt zu fahren. Die Reise begann im Mai 1927 und endete im Juni 1929 in Berlin. 1930 heiratet sie Carl-Axel Söderström, der sie als Kameramann auf der Reise begleitet hatte. Sie ziehen nach Schweden, wo ihre drei Kinder aufwachsen. Später kehrt sie wieder nach Deutschland zurück.

NACHWEISE

Virginia Woolf *Julia Margaret Cameron*
Aus dem Englischen von Gustav K. Kemperdick
Deutsche Erstveröffentlichung in: *Neue Rundschau* 1/1980

Abdruck mit freundlicher Genehmigung der S. Fischer Verlag GmbH, Frankfurt am Main.

Gabriele Stadler *Lola Montez*
Erstveröffentlichung unter dem Titel »Lola und die Machtfrage: ›Vergessen, vergeben, aber nicht nachgeben!‹« in: Gabriele Stadler, *Ludwig I.: König von Bayern*, Wilhelm Heyne Verlag, München 1987.

Natalie Clifford Barney *Colette*
Aus dem Fanzösischen von Nicolaus Bornhorn
Unter dem Titel »La Colette que j'ai connue« erschienen in: Natalie Clifford Barney, *Souvenirs indiscrets*, Paris o. J.

Viola Roggenkamp *Clärenore Stinnes*
Erstveröffentlichung in: *Emma*, November 1980.

George Tabori *Lotte Lenya*
Erstveröffentlichung unter dem Titel »Die letzte der großen Huren«, in: *Theater heute*, Ausgabe 3/1982.

Eiko Ishioka *Tamara de Lempicka*
Aus dem Japanischen. Übersetzer und Copyright-Inhaber konnten nicht ermittelt werden.

Klaus Klöckner *Sophie Scholl*
Erstveröffentlichung unter dem Titel »Sophie Scholl. Gewalten zum Trotz«, in: Georg Popp (Hrsg.), *Große Frauen des 20. Jahrhunderts*, Arena Verlag, Würzburg 1987.

Gabriele von Arnim *Gisèle Freund*
Originalbeitrag
Eine kürzere Version wurde veröffentlicht in: *Süddeutsche Zeitung*, Ausgabe vom 27./28. Februar 1993.

Barbara Ungeheuer *Beate Klarsfeld*
Erstveröffentlichung unter dem Titel »Wir sehnen uns nach Schönem«, in: *Die Zeit*, Ausgabe vom 10. Juli 1987.

Julian Barnes *Margaret Thatcher*
Aus dem Englischen von Arnulf Conradi
Deutsche Erstveröffentlichung unter dem Titel »Die Maggie-Jahre. Thatchers Memoiren entziffert«, in: *Neue Rundschau*, 2/1994.